China Entrepreneurship & Innovation
Finance Index Report（2018）

深圳市综研软科学发展基金会·资助出版

中国“双创”金融指数报告（2018）

中国（深圳）综合开发研究院◎主编

中国经济出版社
CHINA ECONOMIC PUBLISHING HOUSE
北 京

图书在版编目（CIP）数据

中国“双创”金融指数报告（2018）/ 中国（深圳）综合开发研究院 主编. 北京：中国经济出版社，2018.6
ISBN 978-7-5136-5193-6
Ⅰ.①中… Ⅱ.①中… Ⅲ.①金融事业—研究报告—中国—2018 Ⅳ.①F832
中国版本图书馆 CIP 数据核字（2018）第 088982 号

责任编辑　赵静宜
责任印制　巢新强
封面设计　久品轩

出版发行　中国经济出版社
印 刷 者　北京力信诚印刷有限公司
经 销 者　各地新华书店
开　　本　710mm×1000mm　1/16
印　　张　14.75
字　　数　190 千字
版　　次　2018 年 6 月第 1 版
印　　次　2018 年 6 月第 1 次
定　　价　68.00 元
广告经营许可证　京西工商广字第 8179 号

中国经济出版社 网址 www.economyph.com 社址 北京市西城区百万庄北街 3 号 邮编 100037

本版图书如存在印装质量问题，请与本社发行中心联系调换（联系电话：010-68330607）

序 言

“双创”活动具有高风险、高收益特征，必然需要相应的金融服务，“双创”金融的发展在一定程度上体现了创新创业的活力、动力和潜力。20世纪70—80年代美国风险投资的兴起，催生了美国创新经济的蓬勃发展，乃至至今仍是美国独具世界创新鳌头至关重要的支撑力量，带来“这个星球历史上最伟大的、合法的财富创造活动”。

本期“双创”金融指数报告是我们第二年编制，我国创新创业活动正在步入专注、专业阶段，全民创业热情得到高度释放，“双创”金融服务更加理性，创新创业活动取得了崭新成果。

本期报告显示城市“双创”金融发展水平与“双创”活跃度呈现显著的正相关关系。我们希望那些正在脱颖而出的城市继续保持良好态势，那些发展相对落后的城市能够奋起直追，借此能够打造一批全球瞩目的创新创业热土，催生大规模可持续的财富创造活动，助力中华民族的伟大复兴。

是为序。

2018年5月于深圳

目　录

序言

第一章　总　论 …… 1

1.1　主要结论 …… 1
1.2　第二期指数编制背景 …… 5
1.3　中国“双创”金融指数研究框架 …… 7

第二章　综合评价 …… 13

2.1　第二期综合得分与排名 …… 13
2.2　“双创”金融指数层次分析 …… 16
2.3　“双创”金融与“双创”活动 …… 20

第三章　分类评价 …… 23

3.1　“双创”金融机构 …… 23
3.2　“双创”金融市场 …… 31
3.3　“双创”金融服务 …… 36
3.4　“双创”金融生态 …… 41

第四章 “双创”金融发展领先城市 …… 47
4.1 分层概况 …… 47
4.2 北京 …… 48
4.3 深圳 …… 55
4.4 上海 …… 61

第五章 “双创”金融发展优秀城市 …… 68
5.1 分层概况 …… 68
5.2 广州 …… 69
5.3 杭州 …… 76
5.4 成都 …… 80
5.5 苏州 …… 86
5.6 重庆 …… 91
5.7 天津 …… 96
5.8 南京 …… 103
5.9 武汉 …… 107

第六章 “双创”金融发展潜力城市 …… 113
6.1 分层概况 …… 113
6.2 西安 …… 115
6.3 长沙 …… 119
6.4 青岛 …… 124
6.5 合肥 …… 130
6.6 宁波 …… 134
6.7 无锡 …… 138
6.8 郑州 …… 143
6.9 济南 …… 148

6.10 沈阳 …… 154
6.11 厦门 …… 158
6.12 昆明 …… 164
6.13 大连 …… 168
6.14 福州 …… 173
6.15 温州 …… 179
6.16 长春 …… 184
6.17 石家庄 …… 188
6.18 南宁 …… 194
6.19 哈尔滨 …… 199
6.20 南昌 …… 203
6.21 乌鲁木齐 …… 207

附录一：指标说明 …… 212

附录二：原始数据 …… 218

后 记 …… 227

第一章　总　论

1.1　主要结论

通过中国“双创”金融指数的分析和评价，可以从中得到以下主要结论：

（1）本期中国“双创”金融指数综合排名的结果依次是：北京、深圳、上海、广州、杭州、成都、苏州、重庆、天津、南京、武汉、西安、长沙、青岛、合肥、宁波、无锡、郑州、济南、沈阳、厦门、昆明、大连、福州、温州、长春、石家庄、南宁、哈尔滨、南昌和乌鲁木齐。

表 1.1.1　本期指数评价结果

城市	综合指数		“双创”金融机构		“双创”金融市场		“双创”金融服务		“双创”金融生态	
	得分	排名	分项得分	分项排名	分项得分	分项排名	分项得分	分项排名	分项得分	分项排名
北京	131.08	1	37.73	1	17.72	1	34.45	1	41.18	2
深圳	104.21	2	21.67	3	15.56	2	19.65	3	47.34	1
上海	99.81	3	31.68	2	9.17	3	24.92	2	34.04	3
广州	53.87	4	6.82	7	8.35	4	11.54	4	27.16	5
杭州	49.63	5	11.51	4	6.26	5	10.34	5	21.52	6
成都	44.27	6	6.44	9	3.57	9	6.75	12	27.51	4

续表

城市	综合指数		“双创”金融机构		“双创”金融市场		“双创”金融服务		“双创”金融生态	
	得分	排名	分项得分	分项排名	分项得分	分项排名	分项得分	分项排名	分项得分	分项排名
苏州	38.92	7	7.00	6	2.90	12	8.10	9	20.93	7
重庆	37.24	8	6.15	10	1.87	19	8.50	7	20.72	8
天津	36.88	9	6.82	8	2.54	13	8.47	8	19.06	10
南京	36.64	10	7.04	5	3.35	10	8.88	6	17.38	12
武汉	32.49	11	5.91	11	3.81	7	4.88	14	17.90	11
西安	29.00	12	3.65	21	2.30	16	3.11	25	19.95	9
长沙	27.48	13	4.12	14	4.08	6	3.74	21	15.54	16
青岛	27.00	14	3.36	23	2.39	15	3.91	19	17.34	14
合肥	26.59	15	3.92	16	1.66	21	3.66	22	17.36	13
宁波	26.00	16	3.90	17	3.13	11	6.33	13	12.63	19
无锡	25.61	17	4.27	13	2.52	14	6.89	11	11.94	21
郑州	24.80	18	3.25	24	2.00	18	3.45	23	16.10	15
济南	23.81	19	3.01	25	1.26	25	7.08	10	12.47	20
沈阳	21.06	20	3.51	22	1.51	22	3.01	26	13.04	18
厦门	20.79	21	2.68	27	3.63	8	3.81	20	10.66	22
昆明	20.66	22	3.85	19	0.71	31	2.48	28	13.63	17
大连	20.52	23	4.10	15	1.32	23	4.54	15	10.56	24
福州	18.34	24	3.88	18	1.78	20	4.05	16	8.63	27
温州	17.74	25	2.84	26	1.15	26	3.91	18	9.83	25
长春	17.56	26	3.66	20	0.98	28	2.34	29	10.58	23
石家庄	16.55	27	4.55	12	0.90	30	3.40	24	7.70	30
南宁	16.24	28	2.19	29	2.07	17	3.94	17	8.04	28
哈尔滨	14.99	29	2.53	28	0.98	29	1.70	31	9.79	26
南昌	13.43	30	1.82	31	1.29	24	2.48	27	7.84	29
乌鲁木齐	12.21	31	2.15	30	1.02	27	2.19	30	6.85	31

（2）2017 年是全国“双创”事业蓬勃发展的一年，31 个城市综合指数得分均实现大幅度增长。31 个城市中北京得分增加最多，本期得分增加了 53. 9 分，由上期 77. 18 分提升到 131. 08 分；相对来说，福州是 31 个城市中得分增幅最小的，但本期得分同比增长也超过了 30%。

（3）“双创”金融发展水平也表现出显著的“马太效应”，排名越靠前的城市，本期得分增长就越明显。本期排名前十城市平均得分增长了 25. 9 分，而排名倒数前十的城市平均得分增长为 5. 6 分，两者相差 3. 6 倍。领先城市与相对落后城市间的表现分化加剧，排名第 1 的北京综合得分 131. 08 分，排名第 31 的乌鲁木齐得分 12. 21 分，两者分差已由上期的 69. 7 分扩大到 118. 87 分，分差相差将近 10 倍。

（4）城市“双创”金融发展水平与“双创”活跃度呈现显著的正相关关系。北京、深圳、上海是“明星”城市，既具备活跃的“双创”发展基础，又具有金融服务“双创”的良好表现；成都、重庆和苏州是“创优”城市，相对于金融服务，“双创”活动更具优势；广州、杭州和南京是“金优”城市，相对于“双创”活动，金融服务更具优势；其余城市为“守成”城市，“双创”活动、金融服务表现均比较一般。

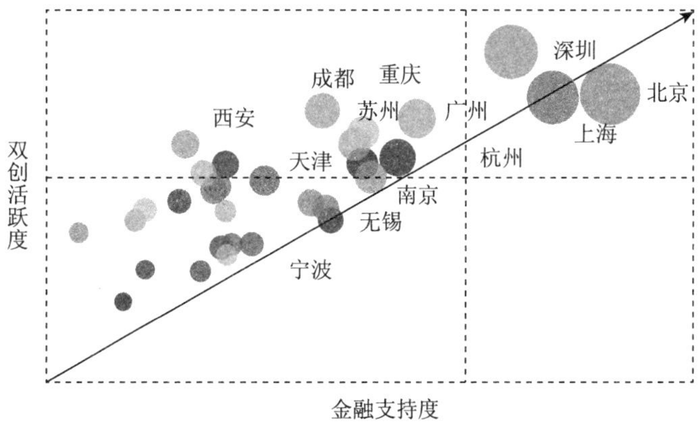

图 1. 1. 1 “双创”金融发展特征评估

（5）“双创”金融发展水平基本与经济金融发展水平正相关，发展领先的地区基本集中分布在我国沿海经济发达区域。综合榜单排名前十中有 8 个是来自长三角、珠三角、环渤海经济带的城市，而内陆地区只有成都和重庆进入前十榜单，这些城市也正是当前金融业相对发达领先的地区。

（6）“双创”金融机构实力分项评价中，该分项指标排名前十城市名单与综合榜单有很强的一致性。在本期“双创”金融机构实力分项评价中，排名前十的“双创”城市与上期基本保持一致，仅个别成员名次互为升降，分别为北京、上海、深圳、杭州、南京、苏州、广州、天津、成都和重庆。其中，北京、上海和深圳均有较大程度的增长，主要原因在于 2017 年私募股权投资行业迎来一波大的发展，大批社会资本进入行业，新设立和备案的机构数呈现爆发式增长。截至 2017 年末，在中国证券投资基金业协会登记备案的私募股权投资机构达到 1.3 万家，基金管理规模达到 8.7 万亿元，全年新募集资金总额将近 1.8 万亿元。

（7）“双创”金融市场分项评价排名前十的城市依次为：北京、深圳、上海、广州、杭州、长沙、武汉、厦门、成都和南京。与上期相比，31 个城市中，只有 2 个城市本期分项得分出现减少，其他 29 个城市均实现不同程度增长。出现得分减少的分别是沈阳和武汉，本期两者分项排名分别为第 22 名和第 7 名。北京、深圳分别凭借新三板市场和创业板市场贴近“双创”事业的优势，两者的“双创”金融市场支持利用水平大幅领先于全国其他城市。

（8）“双创”金融服务分项评价排名前十的城市依次为：北京、上海、深圳、广州、杭州、南京、重庆、天津、苏州和济南。受 2017 年国内私募股权行业大发展带动，该分项下各城市得分出现较大幅度增长。根据清科研究中心公布的数据显示，2017 年中国股权投资市场投资案例数量达到 10144 起，涉及投资金额合计达到 1.2 万亿元人民币，同比分别增长 11.2%、62.6%。

（9）“双创”金融生态分项评价排名前十的城市依次为：深圳、北京、上海、成都、广州、杭州、苏州、重庆、西安和天津。过去一年，“双创”金融发展的外部环境有了极大改善，“双创”金融服务的外部需求急剧扩张。一方面，政府对“双创”事业的政策支持效应在不断释放，从中央到地方，各类商事制度改革、财税政策优惠以及普惠金融创新支持等手段层出不穷，极大的激发了。另一方面，全社会的创新创业热情在不断高涨，新设市场主体在上一年高基数的基础上仍能保持如此高增速，全年新设市场主体将近 2000 万户，年末平均每百人拥有市场主体 7 户。

1.2　第二期指数编制背景

2017 年，在大众创业、万众创新的浪潮带动下，我国的“双创”事业取得了进一步蓬勃发展，成为全球瞩目的创新创业热土。

2017 年，是“双创”支持政策得到全面加强的一年。除了前期国家陆续出台推进的“放管服”改革、大力减税降费、实施“十大扩消费行动”等重大改革与政策积极效应得到持续释放之外，国家深入实施创新驱动发展战略，推进全面创新改革试验、深化科技成果权益管理改革、加强技术创新体系建设等。截至 2017 年底，累计建设国家重点实验室 503 个，国家工程研究中心 131 个，国家工程实验室 217 个，国家企业技术中心 1276 家；国家级科技孵化器达到了 989 家，众创空间达到 1976 家。

2017年，是全民创业热情得到高度释放并取得崭新成果的一年。我国新设市场主体达到新高点，全年新设市场主体1924.9万户，同比增长16.6%，较2016年增速再提升5个百分点，平均每天新设5.27万户；至年末，全国实有市场主体9814.8万户，其中，企业3033.7万户，个体工商户6579.4万户。按照2017年末全国总人口计算，平均每百人拥有市场主体7户。新设市场主体在高基数的基础上仍能保持如此高增速，一定程度上反映出社会全员的极大创业热情。

2017年，是我国创新事业取得突出发展和成效的一年。截至年底，全年R&D经费支出17500亿元，比上年同比增长11.6%，研发支出强度达到2.12%，其中基础研究经费920亿元；全年境内外专利申请369.8万件，授予专利权183.6万件；PCT专利申请受理量达到5.1万件；全年共签订技术合同36.8万项，技术合同成交金额13424亿元，比上年增长17.7%。

2017年，也是“双创”金融需求得到极大释放的一年。创业板市场全年新增上市公司141家，全年累计发行筹资1496亿元，累计成交金额达到16.55万亿元。新三板市场新增挂牌企业1467家，挂牌企业总数达到11630家；全年共完成2729次股票发行，实际融资1324.34亿元。与此同时，国内私募股权投资行业迎来大发展，大批社会资本进场。截至2017年末，在中国证券投资基金业协会登记备案的私募股权投资机构达到1.3万家，基金管理规模达到8.7万亿元，全年新募集资金总额将近1.8万亿元。

在取得如此瞩目的发展基础上，我们还需要更加重视金融的服务支持。双创要发展的好，离不开金融的支持。国内外发展经验均表明，金融业是创新创业最大的“生态”，有效的金融制度安排和创新的金融服务手段是创新创业迅速发展的关键因素。为此，李克强总理在2018年政府工作报告中进一步指出，要“促进大众创业、万众创新上水平”，要支持优质创新型企业上市融资，将创业投资、天使投资税收优惠政策试点范围扩大到全国，形成大中小企业融合的创新创业格局，打造“双创”升级版。可以预计，构建支持“双创”事业发展的一站式金融服务生态将成为接下来的发展关键，期待各地方政府在引导金融支持“双创”发展能涌现出更多的成功案例和创新经验，更好地为创业者成长提供全流程多样化的金融服务，为成果转化畅通资金渠道。

1.3 中国“双创”金融指数研究框架

1.3.1 指标设计原则

为体现“双创”金融的全新内涵和外延特征，评价指标客观反映“双创”金融发展水平，中国“双创”金融指数指标体系设计遵循以下原则：

- 导向性原则。指标体系要充分发挥导向和引领作用，引导金融机构、投资者、资本更多地支持创新创业活动，引导“双创”金融规范发展、创新发展、持续健康发展。
- 前瞻性原则。评价指标体系要立足开阔视野，着眼长远发展，可体现“双创”金融未来可能出现的新业务、新主体、新工具、新市场和新业态。
- 开放性原则。评价指标体系要保持动态性和开放性，根据行业发展的新情况、新特征的变化，及时对指标体系进行补充、完善和修订。
- 可得性原则。评价指标体系要具有代表性和公正性，尽量使用可采集、可鉴别、可量化、可比较的指标，指标数据为可获得的公开数据或第三方数据。

- 科学性原则。评价指标选取均要有科学依据，指标定义准确，对指标的计算、涵义、来源有十分明确的规定，指标与指标之间相关性和稳定性同时符合统计科学的要求。

1.3.2　指标体系构成

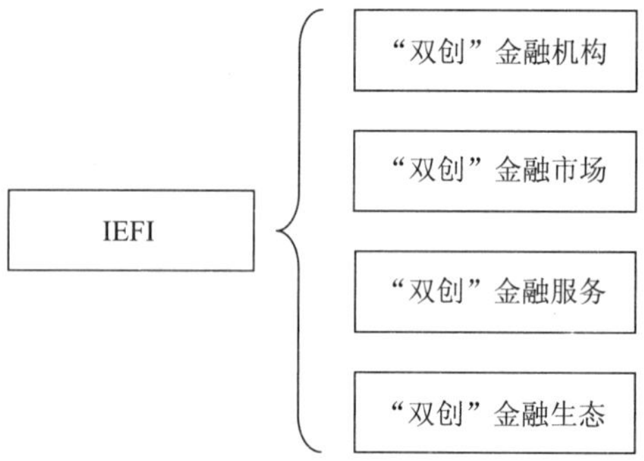

图 1.3.1　中国“双创”金融指数一级指标体系

中国“双创”金融指数（Innovator and Entrepreneur Finance Index，IEFI）根据创新创业活动的金融需求特点，从“双创”金融机构、“双创”金融市场、“双创”金融服务和“双创”金融生态等四个维度构建起指数评价体系。

（1）“双创”金融机构。该项下指标主要用于评估和反映一个城市金融支持“双创”活动的金融市场主体多元性和规模化发展水平，涵盖了 6 个方面共计 14 项客观指标。

（2）“双创”金融市场。该项下指标用于评估一个地区在利用全国性或地方性金融市场支持本地“双创”活动的能力和水平，包含 4 个方面共计 10 项客观指标。

（3）“双创”金融服务。该项下指标用以体现一个城市的金融对“双创”活动支持结果的直接支撑和体现，包含3个方面共计9项客观指标。

（4）“双创”金融生态。该项下指标既是用以反映“双创”金融这项特定金融活动形成的政策、市场、环境等外部基础，也是用以考量“双创”金融支持下的“双创”活动发展成效和潜力，包含4个方面12项客观指标。

按照以上设计原则，经反复研究、讨论和检验，构成中国“双创”金融指数指标体系的二级指标共17个、三级指标共45个（如表1.3.1所示，详细指标说明参见附录一）。

表1.3.1　IEFI指标体系

一级指标	二级指标	三级指标
“双创”金融机构	天使投资机构	机构数量、管理资金规模
	VC机构	机构数量、管理资金规模
	PE机构	机构数量、管理资金规模
	银行类机构	商业银行支行数、新型民营银行数、新型民营银行规模
	地方金融服务机构	融资担保机构数、小额贷款机构数、融资租赁机构数
	互联网金融机构	网贷平台数、第三方支付平台数
“双创”金融市场	创业板市场	上市公司数、年度新增上市数、上市公司总市值
	新三板市场	挂牌公司数、年度新增挂牌数、挂牌公司注册资本总规模
	区域股权市场	挂牌公司数、挂牌公司注册资本总规模
	要素交易市场	要素交易平台数、技术市场交易规模

续表

一级指标	二级指标	三级指标
“双创”金融服务	股权融资	年度股权投资案例数、年度股权投资融资规模、年度境内股票市场融资规模
	并购服务	年度并购案例数、年度并购规模
	债券融资	银行小微企业贷款余额、小微企业贷款余额占社会贷款余额比重、中小企业债券融资规模、小额贷款公司贷款余额
“双创”金融生态	政策力度	地方财政科技支出规模、地方科技支出占公共财政支出比重、国家级“双创”平台数量
	创业活跃度	当年新增市场主体数、当年新增商标注册件数
	创新活跃度	国家高新技术企业数量、研发投入强度、新增发明专利申请量、PCT 专利申请量
	专业服务	每万人注册会计师数、每万人执业律师数、资产评估机构数

1.3.3　样本城市选择

借鉴中国金融中心指数评价体系（CDI · CFCI），首期 IEFI 选择 31 个金融中心作为样本城市。包括：

- 3 个全国性金融中心，分别是上海、北京和深圳；
- 东北区域有 4 个样本城市，分别是大连、沈阳、长春和哈尔滨；
- 北部沿海区域有 4 个样本城市，分别是天津、济南、青岛和石家庄；
- 东部沿海区域有 6 个样本城市，分别是杭州、南京、苏州、宁波、无锡和温州；
- 南部沿海区域有 3 个样本城市，分别是广州、厦门和福州；

- 中部区域有 5 个样本城市，分别是武汉、长沙、郑州、合肥和南昌；
- 西部区域有 6 个样本城市，分别是成都、重庆、西安、昆明、南宁和乌鲁木齐。

所选择的 31 个样本城市基本上是我国的省会城市、副省级城市以及经济相对发达的地级市，这些城市“双创”活动相对活跃和资源相对集中，行政区位、经济社会、人文地理等方面具有明显优势，同时金融资源集聚态势明显，代表着国内金融发展的前沿水平。样本城市所具备的双重特性，为金融服务创新创业提供了基础条件和强力支撑，将引领“双创”金融创新发展趋势和风向，影响全国“双创”活动发展水平和质量，这符合本指数研究目的和初衷。

1.3.4 数据处理方法

（1）数据预处理。本期 IEFI 主体选用 2017 年最新数据，部分指标限于统计口径和更新周期问题采用 2016 年数据，指标数据说明详见前述核心指标定义说明。对于部分城市在个别指标上的数据缺失，原则上采用可获取的最近一期数据作为补充。

（2）数据标准化。由于 46 项指标均是正向指标（即指标越大越好），IEFI 采用线性比例变换法的方式做标准化处理，即对各项指标“锚定”一个基准值（本期基准值采用首期该项指标 31 个城市的最大值，即与上一期基准保持一致），各城市在该项所获标准化得分取决于城市指标原始值与锚定基准值之间的比例关系。标准化公式为：

指标标准化得分（y_{ij}）= 指标原始值（x_{ij}）/该单项指标最大值

（max x_{ij}），即 $y_{ij}=\frac{x_{ij}}{\max\ x_{ij}}$。

（3）指标赋权。采用分层赋权方法，一级指标、二级指标权重由专家协商确定，三级指标权重由专家打分确定。专家主要由金融行业从业人员、政府监管部门监管人员、“双创”领域相关研究人员组成。

（4）计算指数。将各城市相关指标的标准化得分与指标权重相乘后加总，再将指数加总结果放大 100 倍，即可得 IEFI 指数，包括一个综合指数和四个一级指标分项指数。

第二章　综合评价

本章我们将给出31个城市的“双创”金融得分和排名，对其总体状况进行描述，并依此对31个城市进行分层和分类，给出中国“双创”金融在机构、市场、服务、生态等方面的评价结论。

2.1　第二期综合得分与排名

第二期中国“双创”金融指数综合排名的结果依次是北京、深圳、上海、广州、杭州、成都、苏州、重庆、天津、南京、武汉、西安、长沙、青岛、合肥、宁波、无锡、郑州、济南、沈阳、厦门、昆明、大连、福州、温州、长春、石家庄、南宁、哈尔滨、南昌和乌鲁木齐，如表2.1.1所示。

表2.1.1　第2期中国“双创”金融指数综合得分和排名

城市	第2期		第1期		变化	
	得分	排名	得分	排名	得分	排名
北京	131.08	1	77.18	1	▲53.90	—
深圳	104.21	2	59.52	2	▲44.69	—
上海	99.81	3	55.15	3	▲44.66	—
广州	53.87	4	31.06	5	▲22.80	▲1
杭州	49.63	5	32.97	4	▲16.67	▼1
成都	44.27	6	25.41	6	▲18.86	—

续表

城市	第2期		第1期		变化	
	得分	排名	得分	排名	得分	排名
苏州	38.92	7	24.84	7	▲14.08	—
重庆	37.24	8	21.50	10	▲15.75	▲2
天津	36.88	9	22.51	9	▲14.38	—
南京	36.64	10	23.10	8	▲13.55	▼2
武汉	32.49	11	20.90	11	▲11.59	—
西安	29.00	12	14.03	19	▲14.98	▲7
长沙	27.48	13	16.04	14	▲11.44	▲1
青岛	27.00	14	16.16	13	▲10.84	▼1
合肥	26.59	15	14.94	17	▲11.65	▲2
宁波	26.00	16	16.00	15	▲10.00	▼1
无锡	25.61	17	16.43	12	▲9.19	▼5
郑州	24.80	18	15.29	16	▲9.51	▼2
济南	23.81	19	13.27	22	▲10.54	▲3
沈阳	21.06	20	12.89	24	▲8.18	▲4
厦门	20.79	21	13.80	21	▲6.98	—
昆明	20.66	22	14.66	18	▲6.00	▼4
大连	20.52	23	13.25	23	▲7.27	—
福州	18.34	24	13.89	20	▲4.45	▼4
温州	17.74	25	12.21	25	▲5.53	—
长春	17.56	26	9.70	29	▲7.86	▲3
石家庄	16.55	27	11.90	26	▲4.64	▼1
南宁	16.24	28	10.56	27	▲5.69	▼1
哈尔滨	14.99	29	10.50	28	▲4.49	▼1
南昌	13.43	30	8.22	30	▲5.22	—
乌鲁木齐	12.21	31	7.48	31	▲4.73	—

- 31个城市综合指数得分均实现大幅度增长，31个城市中北京得分增加最多，本期得分增加了53.9分，由上期77.18分提升到131.08分；相对来说，福州是31个城市中得分增幅最小的，但本期得分同比增长也超过了30%。

- “双创”金融发展水平也表现出显著的“马太效应”，排名越靠前的城市，本期得分增长就越明显。本期排名前十城市平均得分增长了25.9分，而排名倒数前十的城市平均得分增长为5.6分，两者相差3.6倍。

- 领先城市与相对落后城市间的表现分化加剧，排名第1的北京综合得分131.08分，排名第31的乌鲁木齐得分12.21分，两者分差已由上期的69.7分扩大到118.87分，分差相差将近10倍。

- 除北京外，深圳和上海也保持了较大幅度增长，两者得分均增加了40分以上，平均增幅达到78%。

- 值得一提的是，相较自身得分增速最快的城市是西安，得分同比上期增长107%，由上期的14.03分增长到本期的29.00分，排名也由此提升了7个名次，进步最为明显。

- 本期深圳综合排名全国第2，“双创”金融市场和“双创”金融生态水平超过上海，但“双创”金融机构、“双创”金融服务指标得分距离北京和上海还有相当差距。

- “双创”金融发展水平领先的地区基本集中分布在我国沿海经济发达区域，综合榜单排名前十中有8个是来自长三角、珠三角、环渤海经济带的城市，而内陆地区只有成都和重庆进入前十榜单。

2.2 “双创”金融指数层次分析

上期通过对31个城市的“双创”金融发展得分做离散度分析，我国各城市“双创”金融发展水平已呈现一定的层级分化，31个城市的“双创”金融综合发展水平可以分为三个层级，本期我们继续维持这一判断，如表2.2.1所示。

本期31个城市综合指数得分的标准离差率达到了0.80，排名前3城市、排名第4—11名城市以及排名第12—31名城市之间，各城市的指数得分差异度相对较小，三者的标准离差率分别为0.15、0.18和0.24。我们发现，31个城市全体之间的分化在加剧，与此同时，排名靠后城市之间的分化差异也在加大。相对来说，排名前三城市之间的分化是趋于变小的。这反映出“强者愈强”的现实，实力越强的城市，其保持较快发展的步态反而是比较一致的。

表2.2.1 第二期IEFI“双创”金融城市得分统计

“双创”金融得分	31个城市		排名前3城市		排名第4—11		排名第12—31	
	本期	上期	本期	上期	本期	上期	本期	上期
最大值	131.08	77.18	131.08	77.18	53.87	32.97	29.00	16.43
最小值	12.21	7.48	99.81	55.15	32.49	20.90	12.21	7.48
平均值	35.01	21.14	111.70	63.95	41.24	25.29	21.02	13.06
标准离差率	0.80	0.75	0.15	0.18	0.18	0.18	0.24	0.20

根据城市“双创”金融得分状况以及各城市之间的得分统计差异分析，整体上可以将我国31个城市的“双创”金融发展水平分为三个层级，如图2.2.1所示。

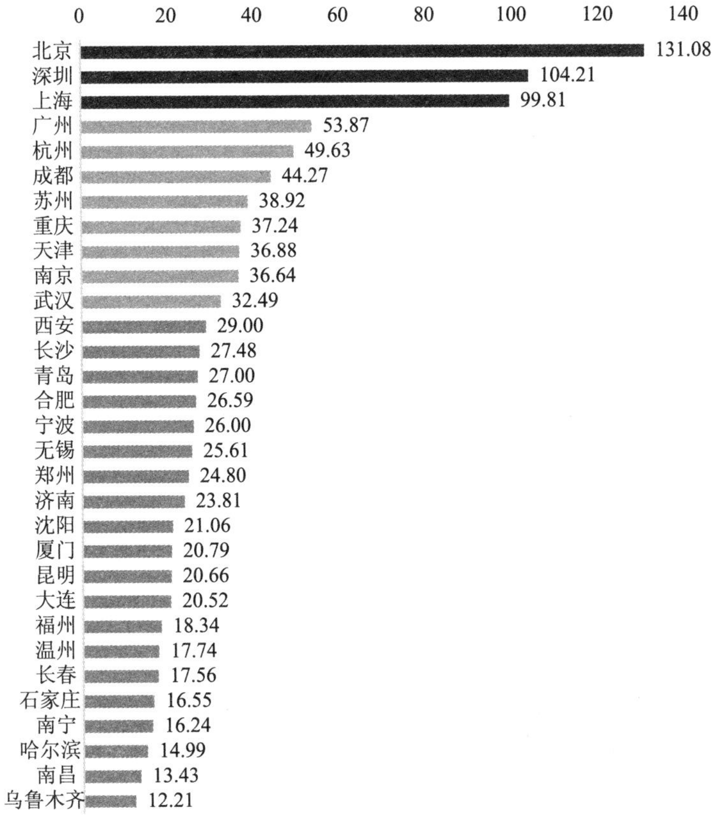

图 2.2.1 中国 31 个城市第二期"双创"金融指数综合得分

第一层级，"双创"金融发展领先城市，分别为北京、深圳和上海三个城市。三者在"双创"金融指数得分上遥遥领先其他城市，且各方面发展水平十分均衡，均包揽了各分项指数的前三，无论是金融支持"双创"的力度和广度，还是自身所具备的"双创"基础和实力，均是国内城市的翘楚和标杆，如表 2.2.2 所示。值得注意的是，本期深圳在"双创"金融生态方面表现超过北京，排名第 1。

表 2.2.2 “双创”金融领先城市的各分项排名表现

城市	综合排名	“双创”金融机构分项排名	“双创”金融市场分项排名	“双创”金融服务分项排名	“双创”金融生态分项排名
北京	1	1	1	1	2
深圳	2	3	2	3	1
上海	3	2	3	2	3

第二层级，“双创”金融发展优秀城市。这一层级共有 8 个城市，分别为广州、杭州、成都、苏州、重庆、天津、南京和武汉。与上期相比，这一层级城市名单没有变化，仅个别城市排名发生易位，如广州超过杭州排名第 4，重庆上升 2 个名次，南京排名下滑 2 位至第 10，如表 2.2.3 所示。

表 2.2.3 “双创”金融优秀城市的各分项排名表现

城市	综合排名	“双创”金融机构分项排名	“双创”金融市场分项排名	“双创”金融服务分项排名	“双创”金融生态分项排名
广州	4	7	4	4	5
杭州	5	4	5	5	6
成都	6	9	9	12	4
苏州	7	6	12	9	7
重庆	8	10	19	7	8
天津	9	8	13	8	10
南京	10	5	10	6	12
武汉	11	11	7	14	11

与“双创”金融发展领先城市相比，这一层级的城市整体上“双创”金融发展水平还是处于可圈可点的状态，但在某些特定方面和领域存在较为明显的短板。除杭州和广州之外，与其综合排名相比，其余 6 个城市在四个一级分类指数中的排名均存在不同程度的短板，如成都

在“双创”金融服务方面排名相对不足，苏州、天津、重庆等则在“双创”金融市场方面存在相对不足。

第三层级，“双创”金融发展潜力城市。与上期分类一致，本期这一层级城市共有20个，分别为西安、长沙、青岛、合肥、宁波、无锡、郑州、济南、沈阳、厦门、昆明、大连、福州、温州、长春、石家庄、南宁、哈尔滨、南昌和乌鲁木齐。整体上来看，“双创”金融发展潜力城市较“双创”金融发展领先城市和优秀城市有较明显的得分差距，部分城市在“双创”金融发展的特定领域具备一定的优势和闪光点，未来具备较好发展潜力，如表2.2.4所示。

表2.2.4　“双创”金融发展潜力城市各分项排名表现

城市	综合排名	“双创”金融机构分项排名	“双创”金融市场分项排名	“双创”金融服务分项排名	“双创”金融生态分项排名
西安	12	21	16	25	9
长沙	13	14	6	21	16
青岛	14	23	15	19	14
合肥	15	16	21	22	13
宁波	16	17	11	13	19
无锡	17	13	14	11	21
郑州	18	24	18	23	15
济南	19	25	25	10	20
沈阳	20	22	22	26	18
厦门	21	27	8	20	22
昆明	22	19	31	28	17
大连	23	15	23	15	24
福州	24	18	20	16	27
温州	25	26	26	18	25

续表

城市	综合排名	“双创”金融机构分项排名	“双创”金融市场分项排名	“双创”金融服务分项排名	“双创”金融生态分项排名
长春	26	20	28	29	23
石家庄	27	12	30	24	30
南宁	28	29	17	17	28
哈尔滨	29	28	29	31	26
南昌	30	31	24	27	29
乌鲁木齐	31	30	27	30	31

2.3 “双创”金融与“双创”活动

我们对31个城市“双创”金融发展情况做进一步的特征分析，开展城市“双创”金融和“双创”活动的两维归类。在IEFI指标体系中选取两组具有代表性的指标，分别用来衡量城市在“双创”活动方面已经形成的活跃水平、金融支持力度。其中，“双创”活跃度主要衡量指标包括当年新增市场主体数、新增商标注册件数、新增发明专利申请量等7项指标，金融支持度则主要根据IEFI指标体系中当年提供的“双创”金融服务来测度。

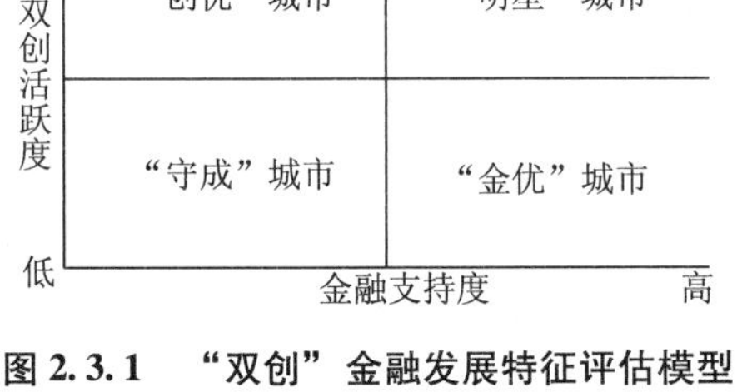

图2.3.1 “双创”金融发展特征评估模型

按照“双创”活跃度和金融支持度两个维度，我们可以将31个城市的“双创”金融发展特点进一步划分为四类情况。

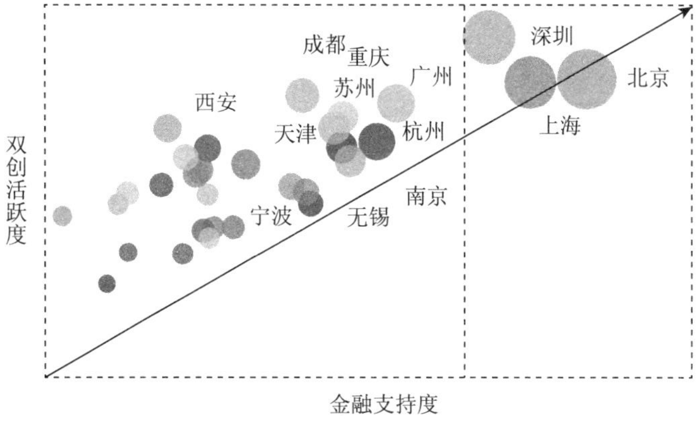

图2.3.2　中国31个城市“双创”金融发展特征评估

第一类城市是既具备活跃的“双创”基础，又在金融支持“双创”活动方面有良好的表现，我们可以称之为“明星”城市。可以看出，综合排名前三的北京、深圳、上海应该属于这一类“明星”城市，三者金融业发展水平十分高，金融支持“双创”有十分强大的产业基础。值得注意的是，本期广州也进入这一象限。尽管广州相对前三者在综合得分方面存在较大差距，但其各方面实力相对均衡，已经可以称得上为“明星”城市。

第二类城市和第三类城市，分别是在“双创”基础方面或金融支持单一方面具备特色优势。对于只在双创活动方面形成优势的城市可以称之为“创优”城市，而对于只在金融支持“双创”发展的基础方面有特色优势的城市可以称之为“金优”城市。

第二类“创优”城市，尽管“双创”金融的支持度并不出类拔萃，但自身在“双创”活动活跃度方面有着明显优势。代表性城市包括有成都、重庆和苏州，这三个城市拼接的“双创”活动十分活跃，已经形成了非常好的“双创”氛围和基础，未来如果能进一步加强金融支持，将很有可能升级成为“明星”城市。值得注意的是，本期西安从“守成”城市进入到这一领域，反映出其过去一年中在“双创”事业发展方面所取得的巨大成效。

第三类“金优”城市主要表现为有强大的金融产业基础，支持“双创”活动的金融能力强，只是在“双创”活动表现方面并没有那么突出。该类型城市主要代表为杭州和南京，随着“双创”事业的深入开展，这类城市也具备升格成为“明星”城市的基础。

剩下一类城市，我们暂时将这类城市归结为“守成”城市。相对来说，该类型城市在“双创”活跃度和金融支持度的表现并不特别突出，未来还需要全方面的下功夫改进。值得注意的是，天津、无锡、宁波等城市是其中的佼佼者，离升格成为“金优”城市的距离十分接近，具备进一步发展跃升的潜能。

第三章　分类评价

本章按照“双创”金融指数的“双创”金融机构、“双创”金融市场、“双创”金融服务和“双创”金融生态四个一级指标，进一步分析了解各“双创”城市的“双创”金融发展现状。

3.1　“双创”金融机构

“双创”金融机构指为“双创”活动提供金融服务的机构，包括天使投资机构、风险投资（VC）机构、私募股权（PE）机构、银行机构、地方金融服务机构和互联网机构六类。

3.1.1　分项总体评价

在本期“双创”金融机构实力分项评价中，排名前十的“双创”城市与上期基本保持一致，仅个别成员名次互为升降，分别为北京、上海、深圳、杭州、南京、苏州、广州、天津、成都和重庆。“双创”金融机构评价的具体排名和得分如图 3.1.1 所示。

该分项指标排名前十城市名单与综合榜单有很强的一致性，仅在个别城市排名顺序存在一定差异。苏州、天津和重庆在该分项中的排名优于综合排名，显示其“双创”金融机构的发展较为良好。

- 北京、上海和深圳是我国三大全国性金融中心，在金融机构整体发展水平上就大幅超出其他城市，因此服务“双创”事业的金融机构实力也相对突出。根据统计显示，全国大部分创业投资机构集聚于此，三者“双创”金融机构实力远超其他城市。

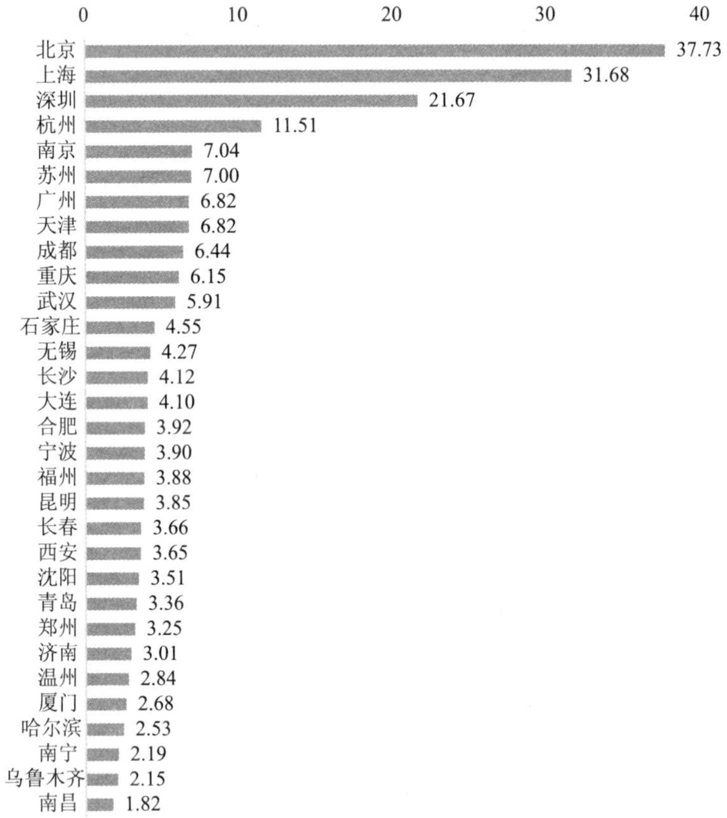

图 3.1.1　“双创”金融机构实力

- “双创”金融机构实力排名优于综合排名的城市有 13 个，表现最为突出的是石家庄，其“双创”金融机构分项排名（第 12 名）领先于综合排名（第 27 名）15 个名次；其次为大连、福州和长春，分别领先自身综合排名 8 个名次、6 个名次和 6 个名次。三者该分项排名远超综合排名表现的原因主要在于三者在融资担保、小额贷款等地方金融服务机构方面发展水平较高，高于全国平均水平。

● 与上期相比，本期大部分城市在该分项得分实现增长，仅有 5 个城市得分较上期有所下降，反映出全国“双创”金融机构整体发展水平在提升。

3.1.2　天使投资机构

天使投资机构指标包括天使投资机构数量、管理资金规模两方面。天使投资机构实力排名前十的城市分别为：上海、北京、深圳、苏州、杭州、宁波、成都、天津、广州、厦门和武汉。

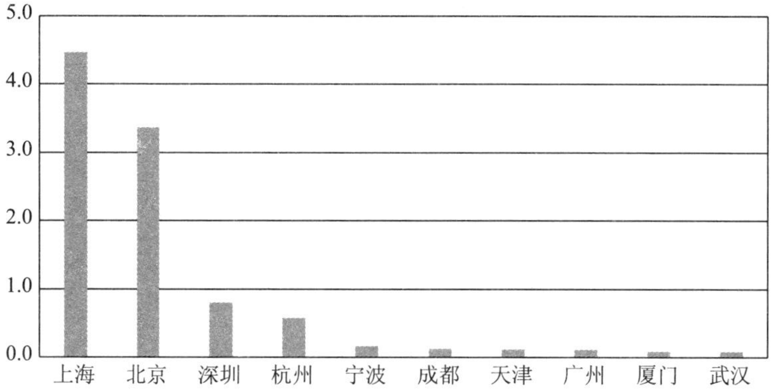

图 3.1.2　天使投资机构实力前十排名

● 截至 2017 年底，在清科统计的数据库系统里，全国有公开记录的天使投资机构为 631 家。榜单 31 个城市共有 410 家天使投资机构，大约占全国数量的 2/3。

● 目前，天使投资机构实力水平在不同城市间分化较为严重，北京、上海、深圳等地集聚了全国大部分的天使类投资机构，三者的机构数量大约占全国的一半。

● 天使投资机构数量最多的是北京，截至 2017 年，北京天使投资机构数量为 146 家，资金管理规模超过 130 亿美元。

- 天使投资机构管理资金规模最大的城市是上海，101 家投资机构管理资金规模达到 299 亿美元，排名全国第 1。

- 根据公开的统计资料显示，本期榜单 31 个城市中，其中 9 个城市尚未有天使投资机构，分别是长春、沈阳、济南、青岛、温州、南昌、昆明、南宁和乌鲁木齐。

3.1.3　VC 机构

VC 机构包括 VC 机构数量和资金管理规模。目前，VC 机构实力排名前十的城市为：北京、上海、深圳、杭州、苏州、南京、广州、武汉、长沙和成都。

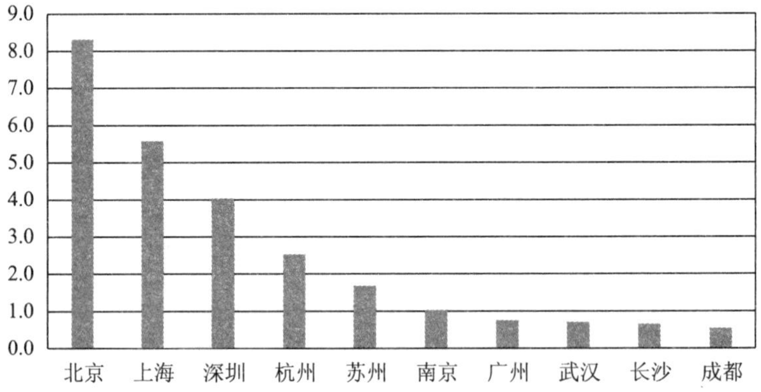

图 3.1.3　VC 投资机构实力前十排名

- 根据清科公布的统计信息显示，截至 2018 年 3 月底，全国公开记录的 VC 机构为 8841 家，本榜单 31 个城市共拥有 5279 家，约占全国的 60%。

- 北京、上海和深圳三者的 VC 机构实力较其他城市有十分显著优势，远超全国其他城市的发展水平，三者 VC 机构数量之和 2901 家，大约占全部31个城市机构数量总和的55%。

- 除北京、上海和深圳外，仅有10个城市的机构数量达到三位数，其余18个城市机构数量均未破百。其中，数量最少的南宁仅有9家VC机构。
- 北京的VC机构实力无疑是最强的，机构数量和管理资金规模在31个城市中均是最大的，2017年分别达到了1130家和2453亿美元。
- VC机构管理资金规模最小的则是南昌，14家机构公开披露的资金管理规模为0.84亿美元。

3.1.4　PE机构

PE机构指标包括机构数量和管理资金规模。目前，PE机构实力水平排名全国前十的城市分别为：北京、上海、深圳、杭州、天津、广州、成都、宁波、重庆和苏州。

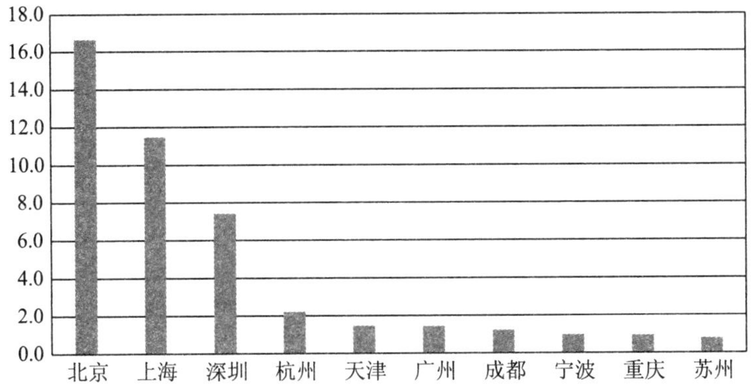

图3.1.4　PE投资机构实力前十排名

- 根据清科公布的统计信息显示，截至2018年3月底，全国公开记录的PE机构数为20875家，榜单上31个城市共拥有16493家，约占全国的80%。

• 北京、上海和深圳的PE机构实力远超其他城市，三者累计拥有10163家PE机构，占31个城市总和的60%以上。

• 深圳PE机构实力相对较北京和上海要弱一些，原因在于其PE机构管理的资金规模较小，2017年深圳PE机构管理资金规模仅为976亿美元，而北京、上海的同期水平均分别为6765亿美元和3472亿美元。

• PE机构数量和管理资金规模最多的城市均是北京，2017年底，共有3999家，较上期增加了1997家，合计管理资金规模达到6765亿美元。

• 31个上榜城市中，PE机构数量最少的是温州，仅有48家机构；

• PE机构管理资金规模最小的是哈尔滨，60家机构合计管理的资金规模为1.58亿美元。

3.1.5 银行机构

银行机构指标包括商业银行支行数量、新型民营银行数和新型民营银行资产规模三项。目前，银行机构实力排名全国前十的城市分别为：上海、杭州、深圳、北京、天津、重庆、成都、武汉、长沙和南京。

• 相对来说，上海、杭州、深圳成为该项全国前三强，得益于新型民营银行所带来的贡献。

• 截至2017年底，国内一共获批17家新型民营银行，已经全部开业。本项前十榜单中，各城市均有1家新型民营银行开业运行。

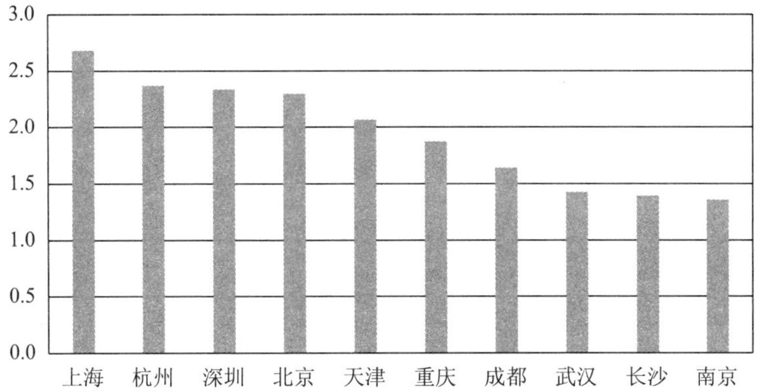

图 3.1.5　银行类机构实力前十排名

- 当前，杭州、上海和深圳的新型民营银行发展相对较好，三者各自具备较强的规模实力。

3.1.6　地方金融服务机构

地方金融服务机构包括融资担保机构、小额贷款机构和融资租赁机构，其排名与综合排名存在较大差别。地方金融机构实力排名前十的城市分别为：深圳、苏州、石家庄、南京、上海、无锡、大连、杭州、昆明和广州。

- 深圳地方金融机构实力排名前列，得益于在融资担保和融资租赁方面的机构实力。截至 2017 年底，深圳共有 2408 家融资租赁机构，占 31 个城市总数的 32%。与此同时，深圳融资担保机构数达到了 131 家，全国排名第 7。

- 石家庄融资担保机构数达到了 178 家，是 31 个城市中数量最多的。

- 相对来说，沈阳、长沙、南昌、南宁、哈尔滨、石家庄、南宁、乌鲁木齐、温州、武汉、昆明、郑州、长春等 12 个城市融资租赁机构实力要偏弱，机构数量仅为个位数。

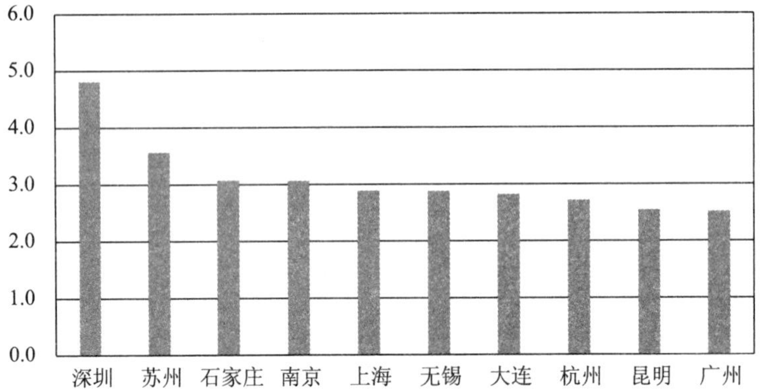

图 3.1.6　地方金融服务机构实力前十排名

3.1.7　互联网金融机构

互联网金融机构实力指标包含网贷平台数量和众筹平台数量。目前，互联网金融机构实力排名前十的城市分别为：北京、上海、深圳、杭州、广州、南京、武汉、重庆、成都和青岛。

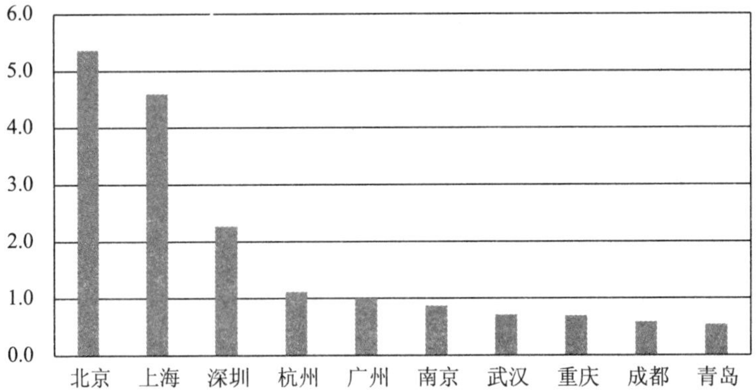

图 3.1.7　互联网金融机构实力前十排名

- 由于本期将该项下原先的众筹平台机构数调整为第三方支付平

台数，排名较上期有较大变化。

- 北京的网贷平台（尚在正常经营、无风险问题的平台）和第三方支付平台是全国最多的，分别有373家和52家，分别占31个城市数量总和的15%和24%。

- 上海凭借46家第三方支付平台（数量排名全国第2）优势，排名全国第2。

- 深圳经历过一轮互联网金融机构的整顿清理之后，当前拥有的网贷平台数量为305家，位居全国第2。

3.2　“双创”金融市场

“双创”金融市场评价指标体系包括创业板市场、新三板市场、区域股权市场和要素交易市场四大部分。

3.2.1　分项总体评价

“双创”金融市场规模排名前十的城市分别为：北京、深圳、上海、广州、杭州、长沙、武汉、厦门、成都和南京。

- 与上期相比，31个城市中，只有2个城市本期分项得分出现减少，其他29个城市均实现不同程度增长。出现得分减少的分别是沈阳和武汉，本期两者分项排名分别为第22名和第7名。

- 本期该分项排名进步最大的城市是南宁，名次提升了13个名次，排名第17位。主要原因在于，2017年新增了12家新三板挂牌公司，而在2016年还仅有17家。

- 北京、深圳分别凭借新三板市场和创业板市场贴近“双创”事业的优势，两者的“双创”金融市场支持利用水平大幅领先于全国其他城市。

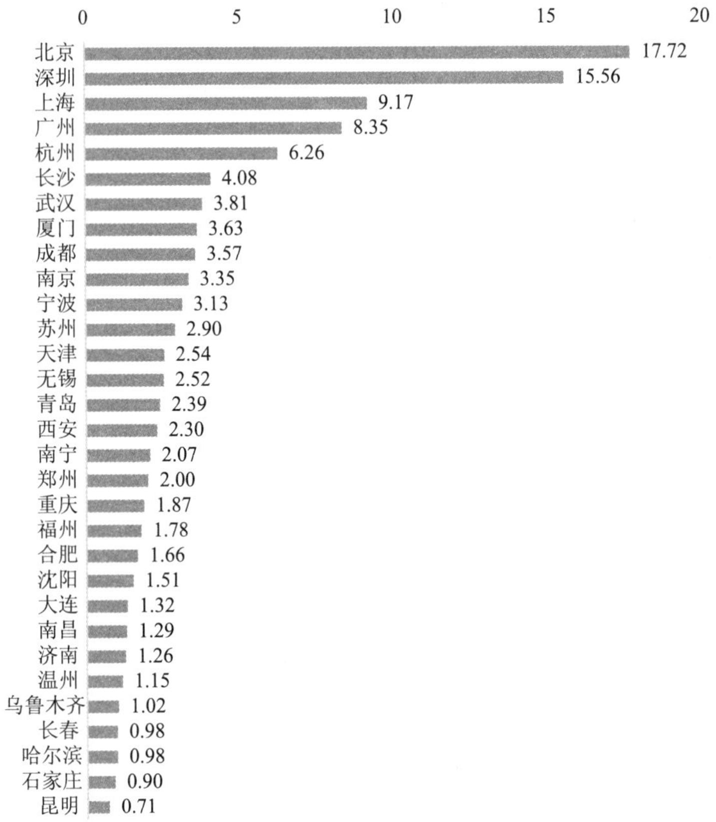

图 3.2.1 “双创”金融市场发展支持水平

- 创业板市场服务支持方面，31 个上榜城市均至少有 1 家上市公司。

- 区域股权市场的发展成为推动“双创”金融市场发展的重要途径，31 个上榜城市在区域股权市场挂牌的企业总数达到了 37790 家。

3.2.2 创业板市场

地方城市的创业板市场发展支持水平主要由该城市在创业板上市公司数、2016 年新增创业板上市公司数和上市公司总市值来衡量。创业板市场发展支持水平排名前十的城市分别为：深圳、北京、上海、杭州、成都、广州、武汉、南京、长沙和苏州。

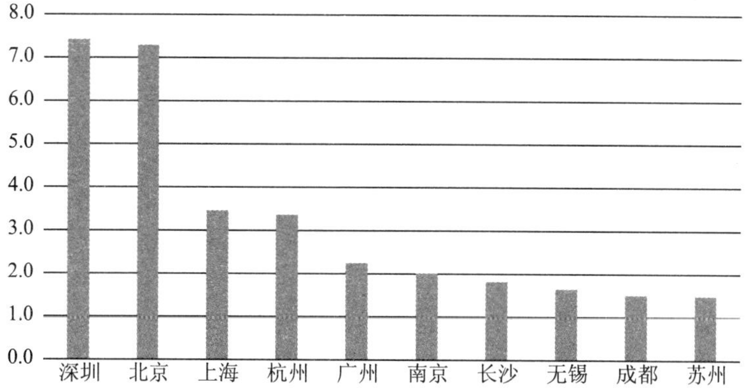

图 3.2.2　创业板市场发展支持水平前十

- 本期深圳超过北京，在创业板市场支持度方面排名第 1，2017 年新增 19 家创业板上市公司，上市数量累计达到 84 家，上市公司总市值达到 6341 亿元。
- 创业板市场上市公司数量最多依旧是北京，2017 年新增 10 家上市公司，共有 97 家上市公司，上市公司总市值 9578 亿元。
- 18 个城市的创业板上市公司数量在个位数，其中最少的只有 1 家，分别是南昌和南宁。

3.2.3　新三板市场

新三板市场发展支持水平的衡量主要由该城市在新三板的挂牌公司数量、2017 年度新增挂牌公司数和挂牌公司注册资本规模指标衡量。新三板市场发展支持水平排名前十的城市分别为北京、上海、深圳、广州、杭州、武汉、苏州、南京、成都和天津。

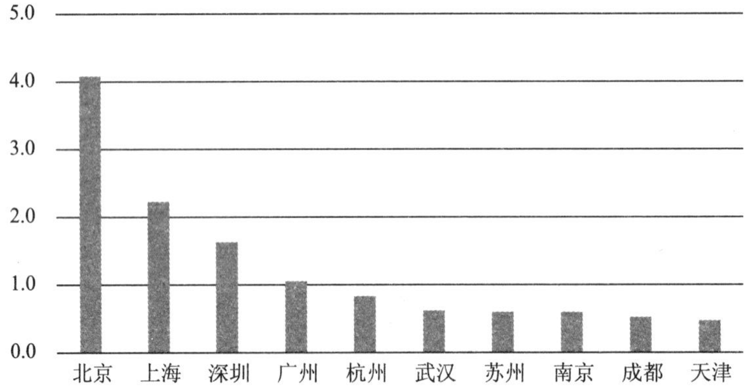

图 3.2.3　新三板市场发展支持水平前十

- 新三板市场在 2017 年进一步规模发展，年末挂牌家数 11630 家，31 个城市合计挂牌家数 7377 家，约占全国的 2/3。
- 北京地区的新三板挂牌公司数量远超其他城市，2017 年底共有 1594 家挂牌公司，注册资本合计达到 1144 亿元，规模超过上海和深圳的总和。
- 2017 年，新三板全年新增挂牌企业 1467 家，31 个城市累计新增新三板挂牌企业 841 家，占全年全国新增总量的 57%。
- 在 2017 年新增挂牌企业方面，31 个城市中只有长春、大连、哈尔滨、温州、南昌和乌鲁木齐等 6 个城市低于两位数。其中，乌鲁木齐反而减少了 1 家挂牌企业。
- 新三板挂牌公司数最少的城市是南宁，截至 2017 年底共有 29 家。

3.2.4　区域股权市场

区域股权市场发展支持包括区域股权市场挂牌企业数、2017 年新增挂牌企业数以及挂牌企业注册资本规模。区域股权市场发展支持排名前十的城市别为：深圳、北京、广州、上海、杭州、厦门、南宁、武汉、长沙和成都。

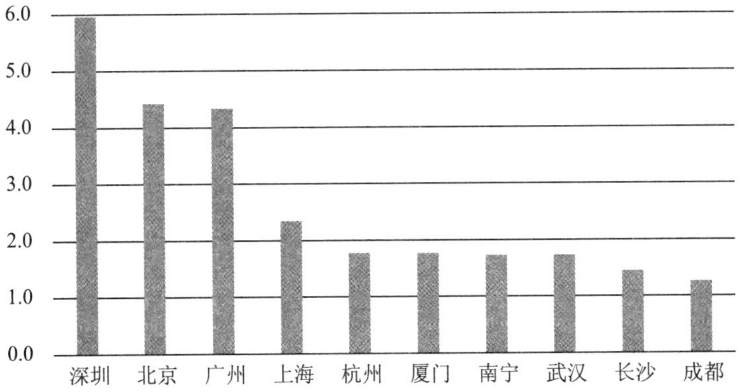

图 3. 2. 4　区域股权市场发展支持水平前十

- 在区域股权市场，深圳拥有的挂牌公司数和注册资本规模均排名全国第 1。截至 2017 年底，深圳挂牌的企业数量达到 5101 家，挂牌企业注册资本总量达 1123 亿元，远超其他城市。
- 本期南宁进入该分项前十，首要原因是本期获取到了相对全面的南宁地区区域股权市场挂牌数据，使得南宁的挂牌公司数达到了 1635 家，总量排名第 7。
- 无锡区域股权市场挂牌公司数相对最少，截至 2017 年底只有 171 家。

3. 2. 5　要素交易市场

要素交易市场发展支持水平主要由要素交易平台数量和技术市场交易规模两个指标衡量。要素市场发展支持排名前十的城市为：北京、上海、青岛、广州、天津、大连、深圳、武汉、西安和南京。

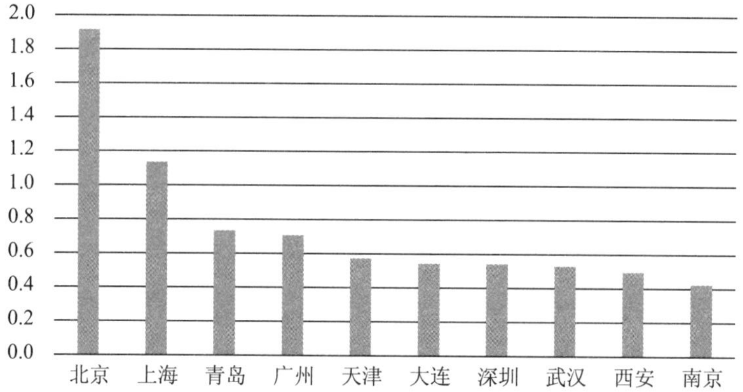

图 3.2.5　要素交易市场发展支持水平前十

- 经历过上一轮交易场所清理整顿之后，各地方要素交易平台的数量已经趋于稳定。根据公开信息统计显示，截至 2017 年底，要素交易平台数量最多的是上海，一共有 68 家；平台数量最少的是石家庄，共有 5 家。

- 在技术市场交易规模方面，2016 年全国共成交技术合同 320437 项，成交总额为 11407 亿元，而 31 个城市所在的省市地区交易规模达到了 10641 亿元，占到全国总量的 93%。其中，北京无疑是全国最大的技术市场交易中心，2016 年成交额达到 3941 亿元。

3.3　“双创”金融服务

“双创”金融服务包括股权融资、并购服务和债券服务 3 个二级指标和 9 个三级指标。

3.3.1　分项总体评价

如图 3.3.1 所示，“双创”金融服务水平排名前十的城市分别是：北京、上海、深圳、广州、杭州、南京、重庆、天津、苏州和济南。

• 与上期相比，31 个城市中，只有 2 个城市本期分项得分出现减少，其他 29 个城市均实现不同程度增长。出现得分减少的分别是哈尔滨和昆明，本期两者分项排名分别为第 31 名和第 28 名，较上期分别下滑 8 个和 6 个名次。

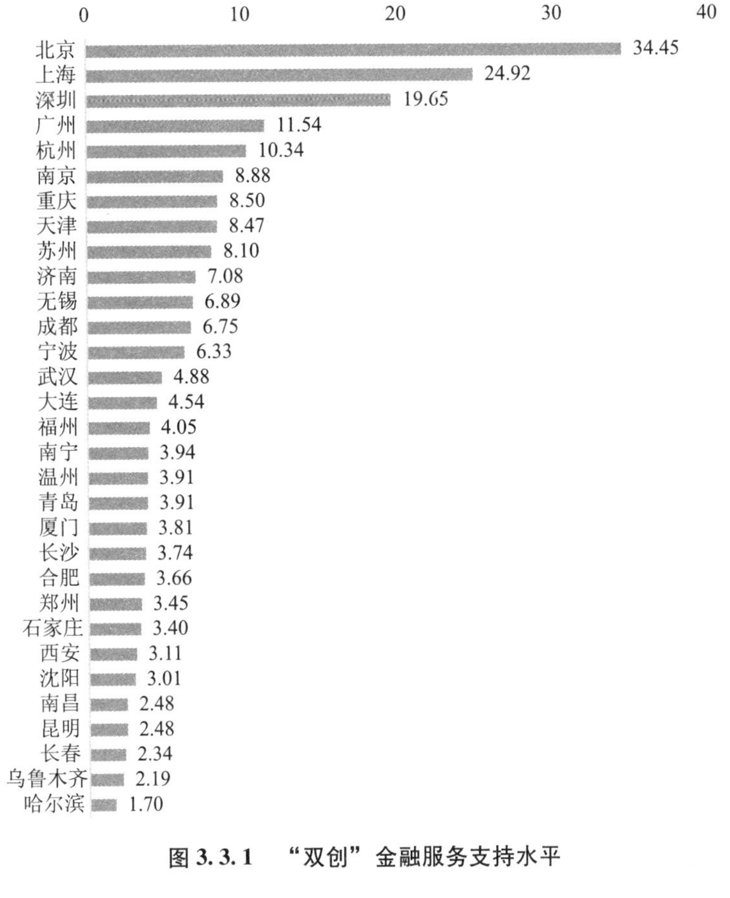

图 3.3.1　“双创”金融服务支持水平

• 2017 年国内私募股权行业再次实现大发展。根据中国证券投资基金业协会统计显示，截至 2017 年底，已登记私募基金管理人 22446

家，同比增长 28.76%；已备案私募基金 66418 只，同比增长 42.82%；管理基金规模 11.10 万亿元，同比增长 40.68%。

● 北京、上海、深圳继续保持私募基金领域的发展优势，在年度股权融资数量和融资规模、并购融资规模、债权融资规模等方面均保持全国领先水平。

3.3.2 股权融资服务

股权融资服务指标包括年度股权投资案例数、年度股权投资融资规模和年度境内股票市场融资规模。股权融资服务水平排名前十的城市分别是北京、上海、深圳、广州、杭州、南京、天津、成都、武汉和苏州。

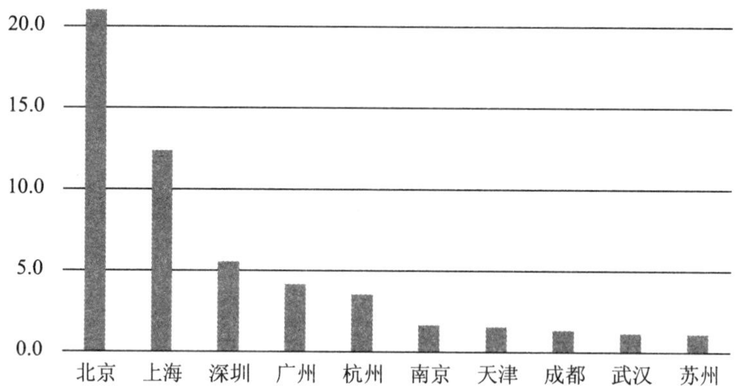

图 3.3.2 股权融资服务水平前十

● 根据清科研究中心公布的数据显示，2017 年中国股权投资市场投资案例数量达到 10144 起，涉及投资金额合计达到 1.2 万亿元人民币，同比分别增长 11.2%、62.6%。

● 31 个上榜城市合计发生的股权投资案例数为 4934 起，涉及投资金额 8386 亿元，分别占全国总量的 49%和 70%。

• 2017 年，北京发生 1642 起私募股权投资事件，披露的融资规模为 3231 亿元，分别较上一年同比增长 386%和 932%；全年通过 IPO、增发等在境内股票市场的融资额达到了 1759 亿元，均是全国第 1。

• 除北京、上海和深圳外，在私募股权融资方面表现相对活跃的还有杭州、广州和成都，三者 2017 年的投资事件分别达到了 362 起、267 起和 106 起。

• 根据清科集团公布的数据显示，2017 年哈尔滨、石家庄和乌鲁木齐等 3 个城市的股权融资额为 0。

• 全年通过 IPO、增发等在境内股票市场融资最少的城市是南宁，2017 年共计融资 5.24 亿元，同期 31 个城市的平均水平为 242 亿元。

3.3.3 并购服务

并购服务评价指标包括年度并购次数和年度并购规模两项。并购服务水平排名前十的城市分别为：上海、北京、深圳、天津、济南、广州、南京、杭州、成都和苏州。

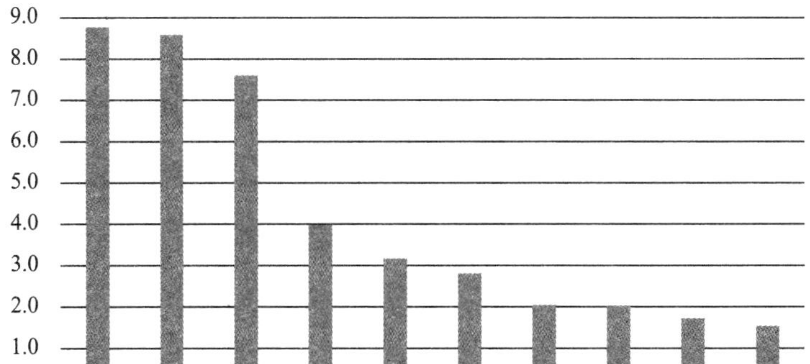

图 3.3.3　并购服务水平前十

- 2017 年，并购市场出现了井喷式发展。31 个城市发生了 2243 起并购事件，较上年同期增长了 892%，合计披露的并购规模达到了 8864 亿元，较上年同比增长了 425%。
- 2017 年全年并购发生次数最多的城市是北京，一共有 412 起，较上年同比增长了 881%，公开披露的并购规模达到 1245 亿元；发生并购案例最少的城市是沈阳，全年共发生 8 起并购，公开披露的规模为 22 亿元。
- 2017 年度并购规模最大的城市是上海，全年公开披露的并购规模达到了 1405 亿元，同期 31 个城市平均水平为 286 亿元。

3.3.4 债权融资服务

债权融资服务指标包含银行小微企业贷款余额、小微企业贷款余额占贷款总额比重、中小企业私募债券融资规模和小额贷款公司贷款余额 4 项。债权融资服务水平排名前十的城市分别为：重庆、深圳、苏州、无锡、南京、北京、杭州、广州、宁波和上海。

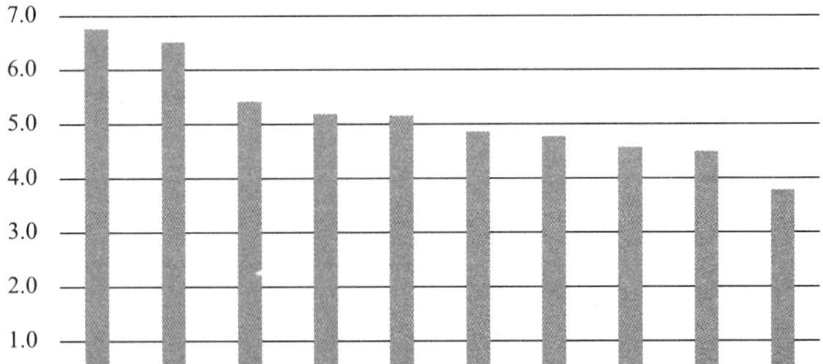

图 3.3.4　债权融资服务水平前十

● 可以看到，债权融资服务水平在前十城市间的分化水平并不如其他直接融资明显，显示债权融资依旧是当前“双创”金融服务领域较为成熟的服务支持途径。

● 银行小微企业贷款余额最大的是上海，截至2016年底，达到了11628亿元，占全社会贷款余额的比重达到了17.3%。

● 银行对小微企业的支持比重相对较高的城市是石家庄和南宁，其2016年银行小微企业贷款余额占全部贷款余额的比重均超过了30%。

● 通过中小企业私募债途径获取融资的普遍性还是相对较低一些，2017年，31个城市中有9个城市发行中小企业私募债的数量为零，6个城市的发行规模徘徊在10亿元左右。

3.4 “双创”金融生态

“双创”金融生态包括政策力度、创业活跃度、创新活跃度和专业服务四项二级指标，共计12项三级指标。本期将上期有关高新技术产业的两项指标剔除掉，用“研发投入强度”该项指标更好地反映了地方创新的活跃程度。

3.4.1 分项总体评价

“双创”金融生态环境优良度排名前十的城市分别是：深圳、北京、上海、成都、广州、杭州、苏州、重庆、西安和天津。

● 本期31个上榜城市在该分项方面的得分，均实现了较大幅度增长。其中，深圳、上海、北京、广州和成都得分增长最为明显。

● 本期深圳凭借创新创业活动方面的活跃表现，超过北京，排名本分项全国第1。

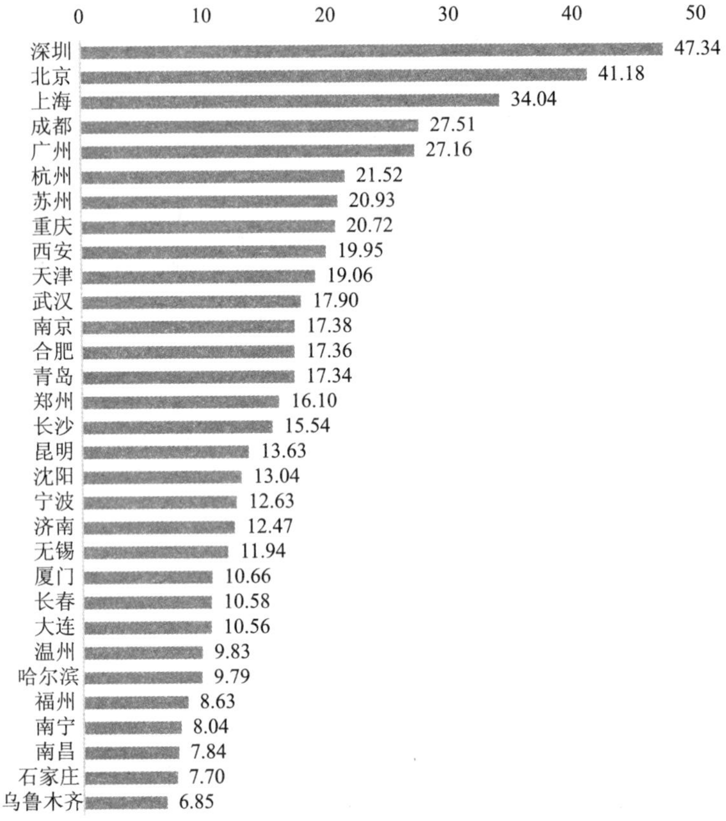

图 3.4.1 “双创”金融生态环境

- 成都凭借创业活跃度和专业服务方面的优势，使得分项排名仅次于深圳、北京和上海，排名全国第 4。

3.4.2 政策力度

政策力度指标包括地方财政支出规模、科技支出规模占公共财政支出比重和国家“双创”平台数量。政策力度排名前十的城市分别为：北京、深圳、上海、合肥、苏州、天津、广州、杭州、武汉和南京。

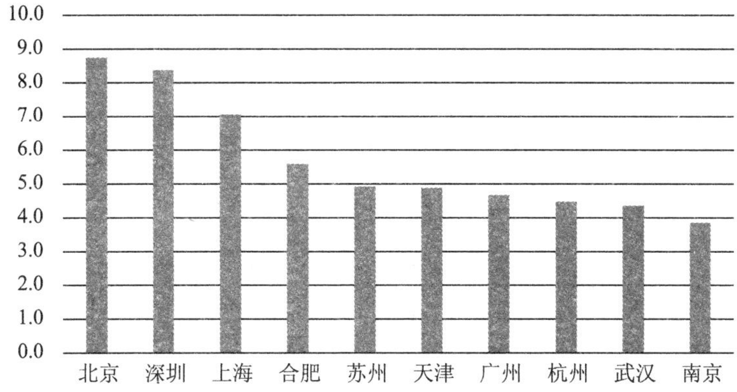

图 3.4.2　“双创”政策力度前十城市

- 北京、上海和深圳在对“双创”活动的政策支持力度上领先于全国水平。其中，深圳的科技支出占公共财政支出的比例达到了 8.7%，远超平均水平；而“双创”平台数同样领先全国，截至 2016 年底，北京、上海和深圳的国家级“双创”平台数累计达到 467 家，占到 31 个城市总量的 1/4。

- 值得注意的是，合肥在地方科技支出方面有大幅增长，2016 年全年支出 101.7 亿元，同比上年增长 173%，占地方财政支出的比重达到了 11.8%，排名全国第 1。

- 哈尔滨在支持科技事业发展方面的财政支出比例是相对最小的，2016 年地方科技支出占公共财政支出的比重仅为 0.87%，同期 31 个城市的平均水平为 3.5%。

3.4.3　创业活跃度

创业活跃度包括当年新设市场主体数、当年新增商标注册件数两项三级指标。创业活跃度排名前十的城市分别为：深圳、成都、上海、广州、重庆、北京、苏州、西安、郑州和杭州。

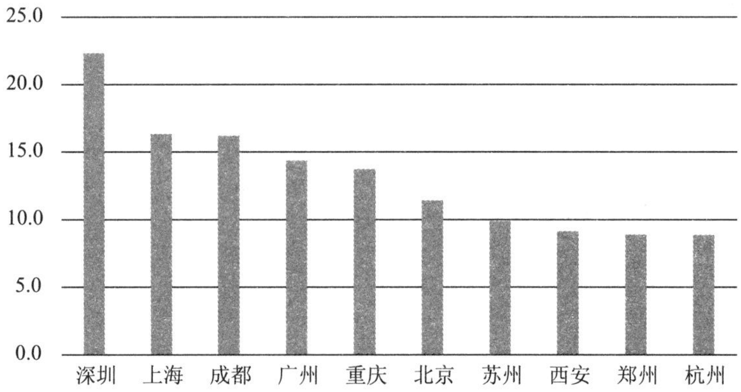

图 3.4.3　创业活跃度前十城市

- 排名前十的城市，在 2017 年新设市场主体方面，数量均十分庞大，表现出十分活跃的创业氛围。
- 深圳继续稳居创业活跃度排名全国第一，其 2017 年全年新增市场主体数量达到了 55.2 万家，与上一年基本持平，远高于其他城市水平，同期 31 个城市平均水平为 20 万家。
- 北京在新增商标注册件数上远远领先其他城市，2017 年全年新增达到了 26.4 万件，同期 31 个城市平均水平约为 5 万件。
- 除深圳外，成都、重庆、上海和广州当年新设市场主体数量也均超过了 30 万家，分别达到 46.4 万、39.1 万、35.3 万和 32.8 万，地方创业氛围十分活跃。

3.4.4　创新活跃度

创新活跃度包括高新技术企业数量、研发投入强度、新增发明专利申请量和 PCT 专利申请数量 4 项三级指标。创新活跃度排名前十的城市分别为：深圳、北京、上海、西安、苏州、天津、广州、杭州、南京和武汉。

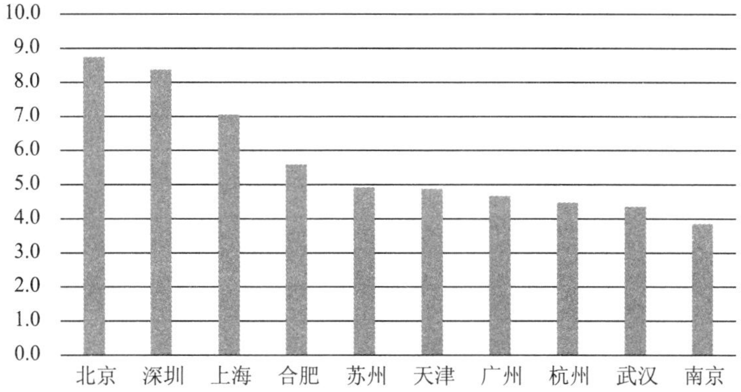

图 3.4.4　创新活跃度前十城市

- 深圳和北京在创业活跃度方面形成双雄竞争格局，本期深圳超过北京排名全国第 1。

- 深圳的核心优势是体现创新成果上，2016 年深圳 PCT 专利申请数量达 19647 件，连续十三年全国排名第 1，是同期北京的 3 倍左右。

- 北京在国家高新技术企业数量方面遥遥领先，截至 2016 年底达到了 15979 家，约占 31 个城市总和的 23%。同时，北京的研发投入强度达到了 5.94%，是 31 个城市中最高的。

- 相对来说，南宁和乌鲁木齐的创新投入就显得不足，两者 2016 年的研发投入强度不足 1%。

3.4.5　专业服务

专业服务包含每万人注册会计师人数、每万人执业律师数和资产评估机构数。专业服务水平排名前十的城市分别为：北京、成都、深圳、上海、杭州、广州、昆明、长沙、济南和郑州。

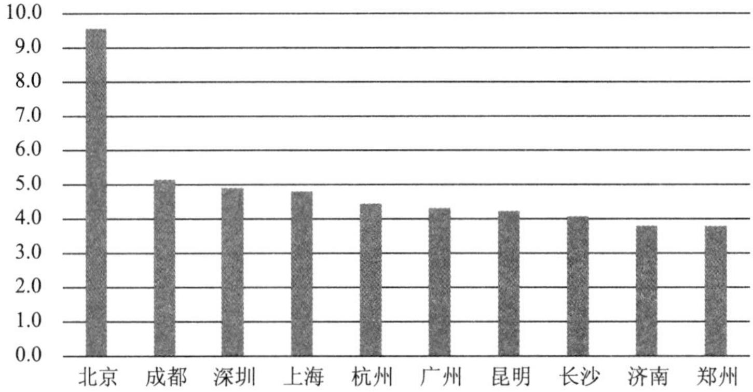

图 3.4.5　专业服务能力前十城市

- 北京专业服务水平一枝独秀，远远高于其他城市，其每万人注册会计师数、每万人执业律师数以及资产评估机构数均为全国第 1。

- 成都在专业服务水平排名上超过深圳、上海，排名全国第 2。具体来看，目前，成都资产评估机构数量达 149 家，位居全国第 2；成都每万人注册会计师人数达 3.19 人，位居全国第 4；每万人执业律师人数为 6.25 人，排名全国第 9。

- 每万人注册会计师人数少于 1 人的城市共有 4 个，分别是宁波、无锡、苏州和温州。

- 每万人执业律师数最少的城市是南宁，只有 1.85 人，同期 31 个城市平均水平为 4.7 人。

第四章 “双创”金融发展领先城市

第一级“双创”金融城市，即“双创”金融发展领先城市，分别为北京、深圳和上海。

4.1 分层概况

“双创”金融发展领先城市在“双创”金融指数得分上相对其他城市仍保持绝对优势，且各方面发展水平相对均衡，无论是金融支持“双创”的力度和广度，如表 4.1.1 所示。

表 4.1.1 “双创”金融发展领先城市各分项指数比较

城市	综合指数		“双创”金融机构		“双创”金融市场		“双创”金融服务		“双创”金融生态	
	得分	排名	分项得分	分项排名	分项得分	分项排名	分项得分	分项排名	分项得分	分项排名
北京	131.08	1	37.73	1	17.72	1	34.45	1	41.18	2
深圳	104.21	2	21.67	3	15.56	2	19.65	3	47.34	1
上海	99.81	3	31.68	2	9.17	3	24.92	2	34.04	3

- 北京、上海和深圳三个城市相对于其他城市，综合竞争力优势十分明显，分数差距进一步拉大。
- 北京综合竞争力继续位列第 1，在“双创”金融机构、“双创”

金融市场、“双创”金融服务三个方面均排名第1，“双创”金融生态排名仅次于深圳位列第2。其中，在天使、VC、PE等创业投资机构实力方面占据绝对领先优势，根据清科集团公布的统计数据显示，2017年北京共有141家天使投资机构、1130家VC机构、3999家PE机构，均远超过全国其他城市。

- “双创”金融生态是深圳最大的优势所在，特别是在创业活跃度和创新活跃度方面，深圳保持全国第一水平，远远高于北京、上海等其他城市。其中，深圳在2017年新设市场主主体数、PCT专利数量等指标方面具有绝对优势。

- 上海“双创”金融机构实力与北京差距相对较小，PC/VE和商业银行数量增长速度加快。

4.2 北京

北京市在第二期“双创”金融指数中排名居首，北京政府与时俱进、精准发力，“双创”金融服务体系日趋成熟，创新创业活力持续释放，为全国“双创”发展起到了良好的示范效应。

4.2.1 发展现状

自2008年，北京市政府出台《北京市中小企业创业投资引导基金实施暂行办法》，成为北京市“双创”金融发展的前奏。2009年出台的《关于建设中关村国家自主创新示范区的若干意见》明确指出要深化科技金融改革试点，北京市金融与“双创”联动发展的大幕正式拉开。自此，北京陆续推出了完善创业投资体系、开展股权众筹融资试点、探索股权激励等推动“双创”金融创新发展的一系列举措。

2017 年，北京“双创”金融发展又取得新的成绩，“双创”综合发展水平加快提升。

一是“双创”金融组织持续发力。在北京市财政局、北京市国有文化资产监督管理办公室和北京市文化投资发展集团有限责任公司指导下，北京市文创金融服务网络平台（文创金服）于 2017 年成立，文创金服是公共性、综合性服务平台，是北京市文创产业“投贷奖”联动体系的重要组成部分。北京银行积极支持中关村科技创业创新发展，推出中国银行业首家“创客中心”——北京银行中关村小巨人创客中心。国家科技金融创新中心加快建设，设立 200 亿元北京市科技创新基金，中关村天使投资、创业投资案例和金额均占全国 1/3，开展投贷联动改革试点。

二是“双创”金融人才政策进一步完善。2018 年 3 月，北京市人力资源和社会保障局发布了《北京市引进人才管理办法（试行）》明确提出加大金融人才引进力度，符合条件的天使基金、创业基金高管可申办人才引进并有机会落户北京，包括：基金管理人和所管理基金均在京设立并备案，实收资本 1 亿元以上、近 3 年实际投资本市高精尖产业 5000 万元以上的天使投资基金管理人，其任职满 3 年的法定代表人、总经理、合伙人、合伙人委派代表等高级管理人员；基金管理人和所管理基金均在京设立并备案，实收资本 3 亿元以上、近 3 年实际投资本市高精尖产业 5 亿元以上的创业投资基金管理人，其任职满 3 年的法定代表人、总经理、合伙人、合伙人委派代表等高级管理人员。此办法鼓励投资基金人才落户，有利于撬动万千优质创业者、科技人才向这座城市聚拢，助推更多独角兽企业脱颖而出。

三是创新创业氛围更加浓厚。对接国家科技创新 2030 重大项目，深海空间站、天地一体化信息网络等项目落户北京。创新服务能力持续增强，国家级众创空间达到125家，全市“双创”示范基地增至20家、约占全国1/6。至2017年底，全市共有众创空间、孵化器、加速器、大学科技园等各类双创服务机构400余家，总面积超600万平方米，累计服务企业及团队逾3万家。2017年新设科技服务业企业7万家，占全市新设企业的36.3%，比上年提高3个百分点。优秀创新人才加快集聚，累计引进5位诺贝尔奖获得者、聘请16位“中关村海外战略科学家”，新评选14名“北京学者”，海外院士专家北京工作站落户新首钢国际人才社区。

4.2.2 发展特征

北京作为我国“双创”发展的先行者，经过多年的制度创新和市场发展，金融与“双创”双向驱动发展较为成熟，当前，总体呈现出以下两大突出特征。

一是中关村作为自主创新示范区先行先试。2009年，北京市政府在《关于建设中关村国家自主创新示范区的若干意见》中明确指出要深化科技金融改革试点，北京市以中关村为先行区正式拉开金融与“双创”联动发展的大幕。中关村先行先试持续深化，建设了首个国家科技金融创新中心，成立了首家股权众筹行业组织——中关村股权众筹联盟，设立了总规模达300亿元的中关村并购母基金、第一家民营银行——北京中关村银行获批开业，股权激励、外债宏观审慎管理改革等10余项改革经验向全国复制推广。

二文创金融发展较为突出。自2010年银监会等九部委联合出台《关于金融支持文化产业振兴和发展繁荣的指导意见》以来，北京银监局出台了《关于金融支持首都文化创意产业发展的指导意见》等文件，明确提出要通过产品创新、模式优化等方式，积极支持文化创意产业发展。

北京银行本着服务小微企业的市场定位及历史使命，从小微、文化结合的角度出发，在银行业首家提出文化金融的服务理念，创新推出“创意贷”特色品牌，成为国内最早涉足文创产业的金融机构之一，并积极筹建文创分行。2017年成立公共性服务平台——文创金服，上线两个月就为本市文创企业对接融资超过13亿元。2018年4月16日，市文投集团下属的北京市文化科技融资担保有限公司与文创板签署合作协议，北京文担旗下的文创实验区微贷、高新微贷、抵押增值保等“文创保”系列产品正式入驻文创板新系统。区层面，2018年4月，大兴区成立规模10亿元的国家新媒体产业基地文创产业投资基金。

4.2.3　指数评价

北京在本期“双创”金融指数中综合得分为131.08分，同比上期上涨53.90分，排名全国第一。四个分类指数排名中，“双创”金融机构、“双创”金融市场、“双创”金融服务均位居全国第一，“双创”金融生态同比上期下降1名，位列第2，如表4.2.1所示。这表明，北京在推动“双创”金融发展中，总体上仍具备相当的规模与影响力，其优势要领先于其他城市。

表4.2.1　北京“双创”金融指数排名及得分

指标		本期得分	同比上期	本期排名	同比上期
“双创”金融综合指数		131.08	▲53.90	1	—
分类指数构成	“双创”金融机构	37.79	▲14.96	1	—
	“双创”金融市场	17.72	▲0.98	1	—
	“双创”金融服务	34.45	▲20.18	1	—
	“双创”金融生态	41.18	▲17.78	2	▼1

在“双创”金融机构实力方面，如图 4. 2. 1 所示。

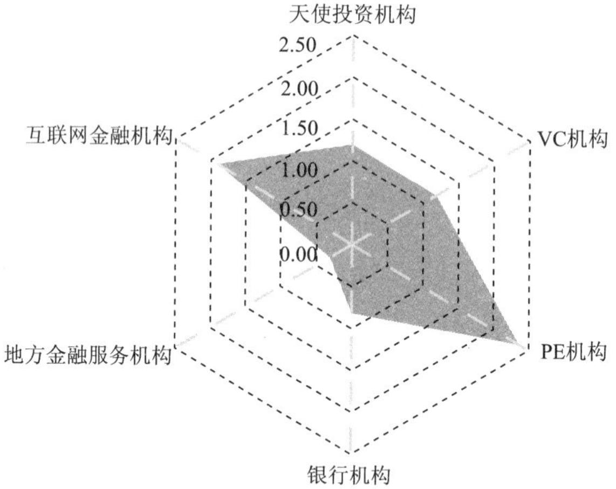

图 4. 2. 1　北京“双创”金融机构实力分项评估

- 2017 年北京的 VC 机构和 PE 机构数量分别达到 1130 家和 3999 家，管理资金规模超过 9200 亿美元，大幅领先国内其他城市，反映出北京是 VC 和 PE 机构的主要集聚地之一。
- 2017 年北京商业银行支行数量达到 3490 家，虽然高于上海和深圳，但新型民营银行数量仍缺乏。
- 地方金融服务机构发展虽不是优势，但有所进步，截至 2018 年 4 月，北京融资担保机构数量为 126 家，略低于深圳的 131 家。

在“双创”金融市场发展方面，如图 4. 2. 2 所示。

- 2017 年北京新三板市场挂牌公司数量达到 1594 家，远高于上海和深圳，排名全国第一。
- 北京创业板市场上市公司数量达到 97 家，上市公司总市值达到 9577. 51 亿元，在数量和市值方面均超过上海和深圳。

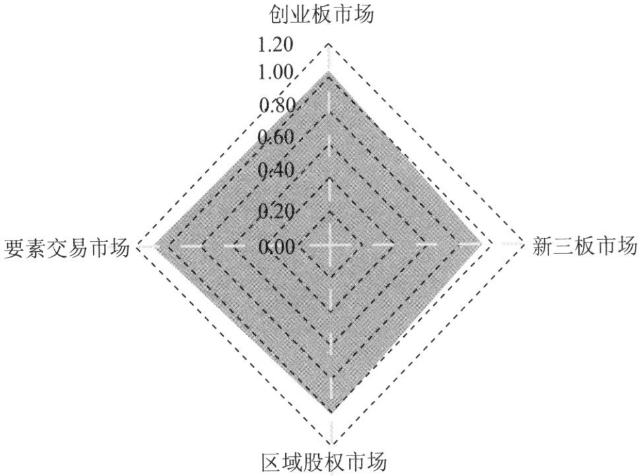

图 4. 2. 2 北京“双创”金融市场发展分项评估

● 尽管北京的要素市场平台数量要低于上海，只有 43 家，但北京的市场技术交易规模要远高于上海和深圳。

在“双创”金融服务水平方面，如图 4. 2. 3 所示。

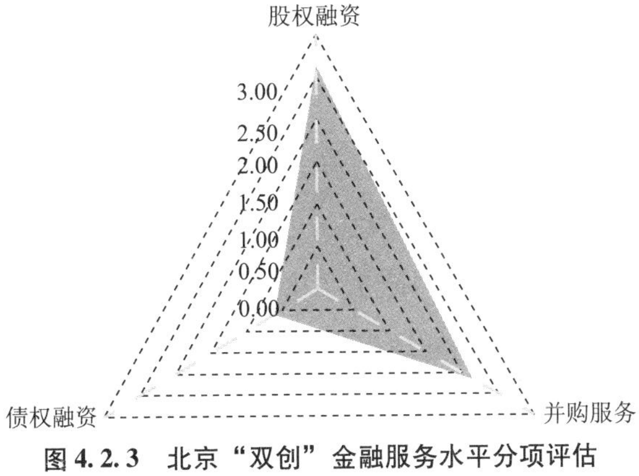

图 4. 2. 3 北京“双创”金融服务水平分项评估

● 2017 年北京股权投资案例数达到 1642 件，共实现股权融资 3230. 94 亿元，在数量和规模方面均高于国内其他城市。

● 北京 2017 年度并购次数和规模分别为 412 次和 1245. 15 亿元，

并购次数位居全国第一，但规模低于上海和深圳。

● 债券融资是北京的短板，2017 年银行小微企业贷款数为 7336. 5 亿元，与上海相比有一定差距。此外，小额贷款公司贷款余额也与上海和深圳相比，存在较大差距。

在“双创”金融生态环境方面，如图 4. 2. 4 所示。

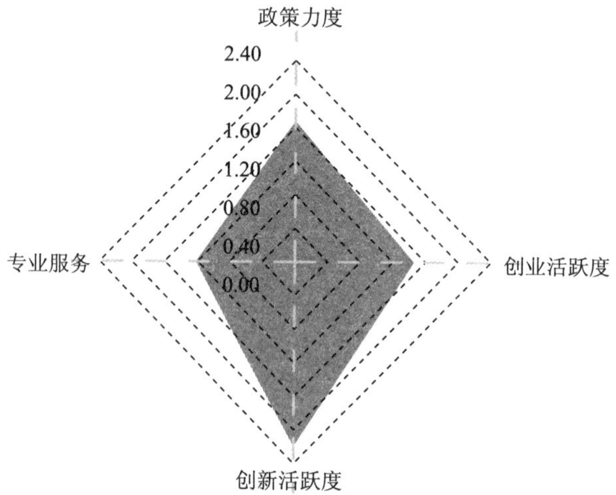

图 4. 2. 4　北京“双创”金融生态环境分项评估

● 在政策力度方面，2016 年北京地方科技支出占公共财政支出比重达到 4. 46%，低于深圳和上海。

● 在创业活跃度方面，截至 2017 年 11 月，北京新设市场主体数为 195000 家，北京对比深圳还存在较大差距。

● 在创新活跃度方面，2016 年北京高新技术企业数量达 15979 家，远高于北京和上海。

● 在专业服务发展水平上，北京远超上海和深圳，专业服务机构和注册会计师、执业律师数量均领先于全国其他城市。

4.3 深圳

深圳作为国家首个创新型城市和以城市为单位的国家自主创新示范区，率先提出并且成功举办了两届国际创客周。深圳积极打造“双创”升级版，一方面以创新创业的融通发展有效地服务实体经济，另一方面促进科技与金融有效结合，为创业者成长提供全流程多样化的金融服务。

4.3.1 发展现状

自2011年，深圳市入选首批16个促进科技和金融结合试点地区，并在全国率先推出“深圳市科技金融联盟”，深圳市“双创”金融创新发展由此来开序幕。近年来，深圳先后出台了系列促进创新创业的政策，如设立了国家中小企业发展基金首支实体基金，中国科技金融联盟在深圳正式成立等等，深圳“双创”金融发展屡创佳绩，2017年深圳“双创”金融发展水平稳步提升。

一是政策服务体系渐趋完善。深圳先后出台了《关于努力建设国家自主创新示范区实现创新驱动发展的决定》《深圳市人民政府关于大力推进大众创业万众创新的实施意见》《关于促进科技和金融结合的若干措施》《关于促进科技创新的若干措施》等系列政策措施，推动政府、金融机构、行业协会等多方力量，构筑立体化“双创”金融服务体系。2017年，深圳市政府发布《深圳市扶持金融业发展若干措施》，重点提到充分发挥“金融创新奖和金融科技专项奖”的创新激励作用。同时，在出台的深圳市金融发展“十三五”规划中，明确新时期建设“国际金融创新中心”战略地位。

二是“双创”金融交流平台发展较好。2017年，中国科技金融联盟在深圳正式成立。深圳市科技金融联盟涵盖了200多家投融资机构和科技企业会员单位。“深圳市科技创新资源共享平台”和各区设立科技金融服务中心，通过举办科技金融创新产品推介会、政策解读会、项目沙龙等，创建了良好的交流平台。

三是“双创”金融机构稳步发展壮大。深圳的天时投资机构、PE/VC等企业数量与日俱增，其中，2017年PE机构达2803家，相比去年增加了一倍还多。目前，深圳逐渐形成了横跨不同行业、不同业态、多层次的生态圈，建立起了以传统金融机构为主体，其他各类金融机构并存，功能完备的现代金融组织体系，为“双创”发展提供了良好的融资环境和金融资本支持。

4.3.2 发展特征

自开展科技与金融结合试点以来，深圳市大力促进科技资源与资本有效对接，拓宽“双创”融资渠道，积极探索创新发展路径，形成了“双创”金融发展的深圳样本。当前，深圳两大典型区域发展最为突出：

一是南山区成为全国“双创”金融标杆地区。南山区以科技金融发展为重点，经过近10年的发展与积累，南山区构建起了以“南山科技金融在线平台”为支撑，以“中小科技企业创新能力评价系统”为核心，政企、银保、投贷3个联动，结合8项专门的科技金融产品的“1138”科技金融体系。南山区面向全区不同成长阶段的科技中小型企业，逐年推出“孵化贷”“成长贷”“集合信贷”“三板贷”“微业贷”等覆盖企业全生命周期的科技金融产品。此外，南山区还与微众银行、招商银行合作开发出新产品，更好满足了小微企业的融资需求。并且，针对科技企业资产轻的特点，南山区充分盘活软性资产，推出“知识产权质押贷”“创新研发贷”“科技保理贷”等金融产品，形成了完备的科技金融产品体系。

二是前海“双创”金融创新发展倍现活力。前海在金融机构创新、创新型金融业务、创新金融业态等实现了多个全国首次和第一，越来越多的创新金融企业正集聚前海，不断激发前海的创新和金融发展活力。2017 年 6 月，前海标志性产业项目——前海深港基金小镇揭牌，作为我国自贸区内首个基金小镇，重点构建对冲基金中心、创投基金中心（金融科技先导区）、大型资管中心三大产业集群。模式与风控方面创新成果突出，深圳市诚正科技小额贷款公司专注为科技型中小微企业提供纯信用贷款，开展投贷联动，着力打造科技小贷业务新模式。截至去年 8 月，累计服务科技型中小微企业近 300 家，开展投贷联动 11 例，得到中国小额贷款公司协会高度评价，成为业内标杆；精英知识产权运营公司作为国家专利运营试点单位，利用前海作为国家知识产权投融资试点地区的创新环境，与珠江村镇银行、华润银行等推出知识产权融资创新产品“微知贷”；前海金融控股有限公司开发了国内首个私募基金信息监管服务平台—深圳私募基金信息服务平台，探索“大数据+人工智能”的“监管+自律+服务”模式等。

4.3.3　指数评价

本期深圳“双创”金融综合指数得分 104.21 分，同比上期上涨 44.49 分，排名全国第二。四个分类指数排名中，深圳“双创”金融机构实力位居全国第三，“双创”金融市场发展位居全国第二，“双创”金融服务水平位居全国第三，“双创”金融生态环境位居全国第一，如表 4.3.1 所示。

表 4.3.1　深圳“双创”金融指数排名及得分

指标		本期得分	同比上期	本期排名	同比上期
“双创”金融综合指数		104.21	▲44.49	2	—
分类指数构成	“双创”金融机构	21.67	▲4.53	3	—
	“双创”金融市场	15.56	▲1.66	2	—
	“双创”金融服务	19.65	▲11.65	3	▲1
	“双创”金融生态	47.34	▲26.84	1	▲1

在“双创”金融机构实力方面，如图 4.3.1 所示。

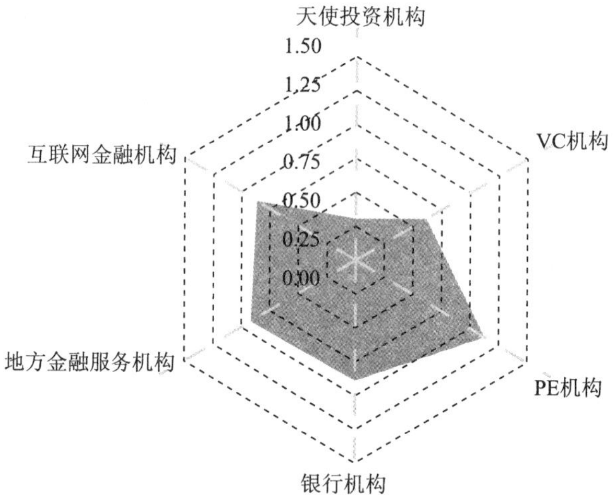

图 4.3.1　深圳“双创”金融机构实力分项评估

● 在地方金融服务机构发展方面具有全国领先优势，深圳 2017 年拥有融资担保、小额贷款和融资租赁机构数量分别为 131 家、461 家和 2408 家，均多于北京和上海。

● 深圳在互联网金融机构数量方面有所下降，2017 年网贷平台为 305 家，低于北京。

● 相比而言，深圳在 VC 和 PE 机构实力方面则与上海和北京有较大差距，体现在 VC 和 PE 机构数量仅有 3554 家，管理资金规模仅有 1580.9 亿元，远低于上海和北京。

在“双创”金融市场发展方面，如图 4.3.2 所示。

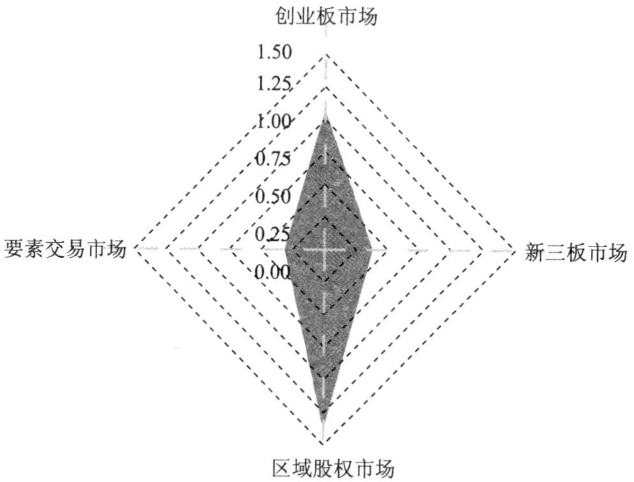

图 4.3.2 深圳“双创”金融市场发展分项评估

- 深圳在区域股权市场发展方面具有突出优势，2017 年区域股权市场挂牌公司数量达到 5101 家，远多于北京和上海。
- 创业板市场方面，深圳 2017 年新增上市公司 19 家，达到 84 家，数量超过上海，且与北京的差距进一步缩小。
- 要素市场发展是深圳的相对弱项，2017 年深圳仅有要素交易平台 22 家，技术市场交易规模为 758.17 亿元，与北京相比有较大差距。

在“双创”金融服务水平方面，如图 4.3.3 所示。

- 在债券融资方面，深圳 2017 年小额贷款公司贷款余额达到 855.6 亿元，远高于同期北京和上海的贷款规模。
- 2017 年深圳中小企业私募债券融资规模达到 191.08 亿元，远高于上海，但与北京的 464 亿元还有一定差距。

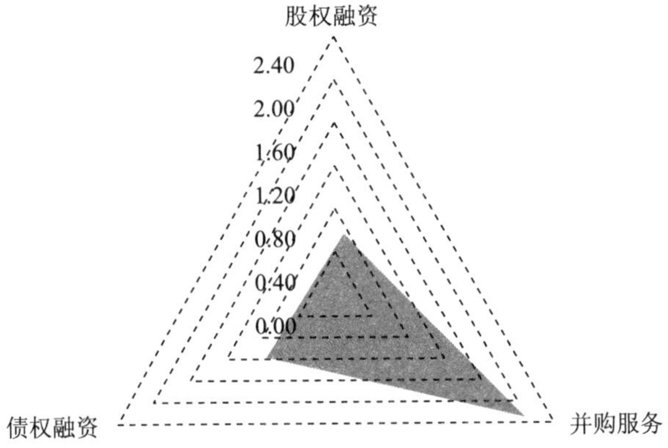

图 4.3.3 深圳“双创”金融服务水平分项评估

● 股权融资是深圳“双创”金融服务的短板，2017 年股权投资案例仅有 602 件，全年股权投融资规模也仅有 539.31 亿元。

在“双创”金融生态环境方面，如图 4.3.4 所示。

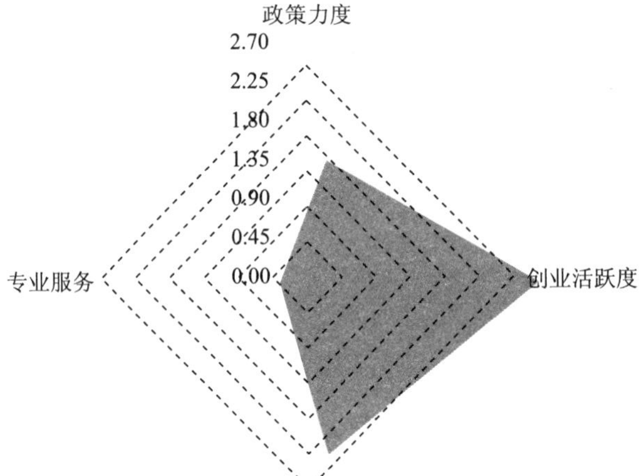

图 4.3.4 深圳“双创”金融生态环境分项评估

● 在创业活跃度方面，深圳作为全国重要的“双创”基地，一直领先全国，2017 年深圳新注册企业数量达到 552000 家，远多于其他城市。

● 在政策力度方面，2016年深圳地方科技支出占公共财政支出比重达到8.72%，远超过其他城市。

● 相对而言，深圳专业服务发展水平仍与北京存在一定差距，体现在每万人注册会计师数量、每万人执业律师数量和资产评估机构数量低于北京。

4.4 上海

上海在第二期“双创”金融指数排名紧随北京和深圳，位列第三。上海市积极按照国家“大众创业、万众创新”部署，加强“双创”与全面创新改革试验、建设张江综合性国家科学中心、建设具有全球影响力的科技创新中心等重要工作的融合，积极建设国家“双创”示范基地，不断完善“双创”制度供给，完善资本支持环境，努力提高“双创”服务水平。

4.4.1 发展现状

自2015年上海市政府提出建设具有全球影响力的科技创新中心以来，积极开展投贷联动融资服务方式创新、扩大政府天使投资引导基金规模、组建政策性融资担保机构或基金、在上海股权托管交易中心设立科技创新专板等，为上海市“双创”发展注入源源不断的“金融活水”。2017年上海市“双创”金融发展又取得了很大的突破。

一是顶层设计与政策支持力度加强。2017年，上海市出台《上海银行业支持上海科创中心建设的行动方案（2017—2020年）》，旨在通过体制创新、机制创新、业务创新和监管创新加大对科技创新支持力度，创造出符合上海特点的科技金融生态环境，打造金融支持科创中心建设战略的“上海模式”，其核心是推动建立起有上海特色的科技金融框架，具体提出了六项重点任务：优化科技金融生态系统；加大对科研基础设施和科技创新布局的金融支持力度；推进科技金融专营机构建设，创新专业化经营模式；主动前移金融服务，促进科技成果转移转化；继续推进投贷联动业务创新；在风险可控前提下，开展科技金融产品和业务创新。

二是“双创”金融基金发展活跃。2017 年 9 月，上海科创中心股权投资基金管理有限公司正式揭牌成立，作为政府引导、市场化运作的市级母基金，其目标管理规模为 300 亿元人民币。2017 年 6 月，成立上海双创文化产业投资母基金，总规模为 50 亿元，基金投资方聚焦于艺术、新闻出版、移动多媒体、动漫游戏等国家文化产业重点发展领域的天使投资基金、创业投资基金、产业投资基金等，并对文化创意产业重点领域的部分项目进行直接股权投资。2018 年 2 月，上海银行与上海市松江区政府、上海双创投资中心、启迪控股股份有限公司签署战略合作协议，共同出资成立 G60 科创走廊母基金，用以支持上海重点发展产业领域的基金与项目。

据统计，截至 2018 年 4 月，上海市创投引导基金累计投资 53 家基金，参股基金总规模约 190 亿元；浦东新区共设立 5 支创业投资基金和两支股权投资基金，累计投资 44 个创投基金；张江已设立 5000 万元风险保障资金，为辖区内试点企业提供风险救济保障，园区内已累计注册各类风投机构 380 家。2017 年，上海还试点突破中小企业“无信用记录首次贷款难和无抵押信用贷款难”问题，为符合条件的上海市专精特新中小企业提供单户 300 万元、最高 1000 万元的无抵押信用担保贷款。预计未来 5 年，该“千家百亿信用担保融资计划”

将服务专精特新中小企业数量超过1000家，信用贷款规模超过100亿元。

4.4.2 发展特征

上海致力于打造具有全球影响力的科技创新中心，结合国际金融中心建设，促进科技创新与金融的联动发展。当前，上海市“双创”金融发展呈现以下几个特征：

一是集中突破“双创”金融机构服务体系建设。金融市场的平台方面，推动上海股权托管交易中心设立科技创新板，发挥多层次资本市场对科创企业融资功能，目前已经有169家科创企业成功挂牌。科技银行网络建设方面，浦发银行和美国硅谷银行合资成立了浦发硅谷银行。同时上海市设立了服务科技创新为主的科技特色支行和专属科技金融部门。

二是“双创”金融产品不断创新。首先，在全国率先探索了投贷联动融资服务模式的创新：张江国家自主创新示范区成为全国5个试点的地区之一；上海银行、华瑞银行、浦发硅谷银行入选试点银行。其次，开展综合保险试点，积极推动商业银行开展远期可变利息定价模式产品创新，根据企业的发展情况来制定可变利息定价模式，分享企业成长的收益，实现银企共赢等。

三是在科技园区搭建融资服务平台。上海市积极发挥园区的桥梁作用：第一，促进科创企业与银行、保险、证券、投资各类金融机构开展有效的对接，推动科技投融资的创新；第二，开展融资辅导与受理和政策宣传的工作，加强对科创企业的金融服务；第三，增加金融机构和科创企业之间的互信，促进企业的融资需求和金融的供给能够有效对接。

4.4.3 指数评价

本期上海“双创”金融综合指数得分99.81分，同比上期上涨44.66分，排名全国第三。四个分类指数排名中，上海“双创”金融机构实力位居全国第二，“双创”金融市场发展位居全国第三，“双创”金融服务水平位居全国第二，“双创”金融生态环境位居全国第三，如表4.4.1所示。

表4.4.1 上海“双创”金融指数排名及得分

指标		本期得分	同比上期	本期排名	同比上期
“双创”金融综合指数		99.81	▲44.66	3	—
分类指数构成	“双创”金融机构	31.68	▲10.43	2	—
	“双创”金融市场	9.17	▲0.61	3	—
	“双创”金融服务	24.92	▲15.31	2	—
	“双创”金融生态	34.04	▲18.31	3	—

在“双创”金融机构实力方面，如图4.4.1所示。

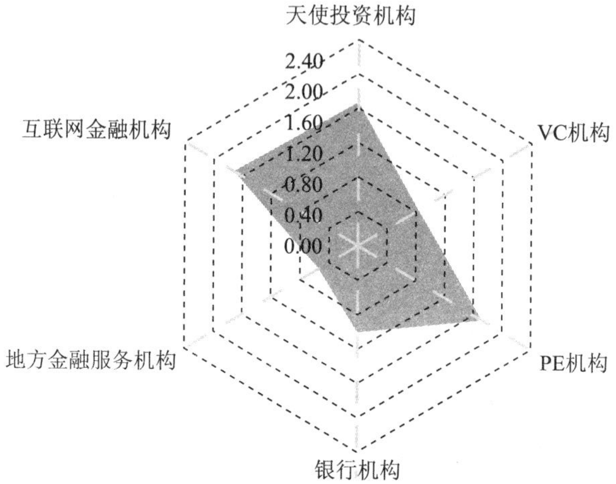

图4.4.1 上海“双创”金融机构实力分项评估

● 2017年上海PE机构数量达到3361家，少于北京机构数量，但远超过深圳机构数量。

● 尽管上海的天使投资机构数量不及北京，但天使机构管理资金的规模仍高于北京。

在“双创”金融市场发展方面，如图4.4.2所示。

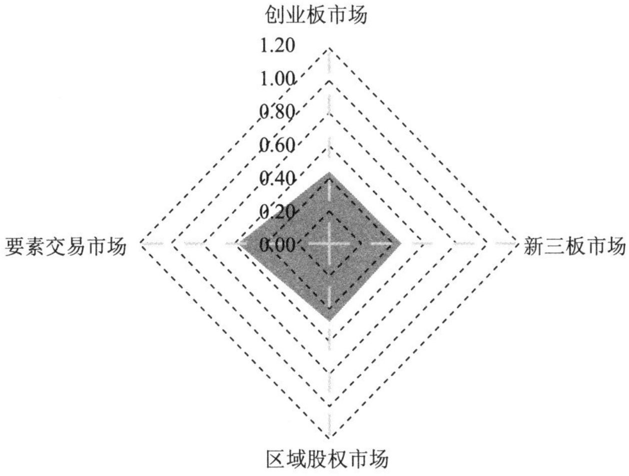

图4.4.2 上海“双创”金融市场发展分项评估

● 上海在新三板市场和要素市场发展方面具有比较优势。其中，2017年上海新三板市场挂牌公司数量达到982家，新增99家。

● 在要素市场发展方面，2017年上海要素交易平台数量达到68家，远超过北京和深圳。

● 创业板市场是上海金融市场的短板，2017年仅有46家公司上市，且上市公司总市值远低于北京和深圳。

在“双创”金融服务水平方面，如图4.4.3所示。

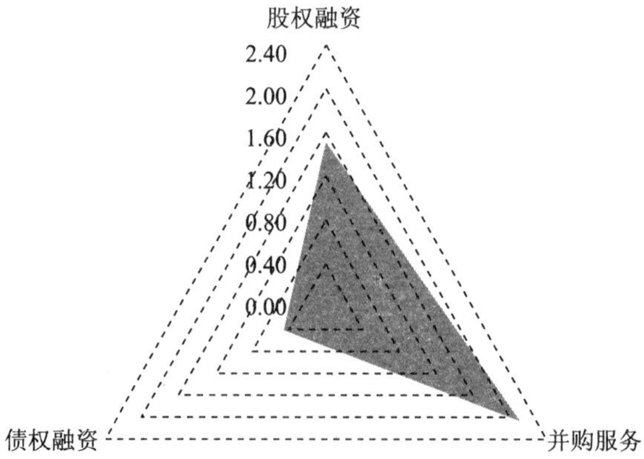

图 4.4.3　上海“双创”金融服务水平分项评估

- 上海在股权融资、债券融资和并购服务三方面发展均较为均衡。其中在债券融资方面，上海 2016 年银行小微企业贷款余额达到 11628 亿元，高于其他城市。
- 在股权融资方面，上海 2017 年股权投资融资规模达到 2066.31 亿元，股票市场融资规模达到 849.62 亿元。
- 在并购服务方面，上海 2017 年并购次数达到 373 次，并购规模达到 1405.5 亿元，超过北京与深圳。

在“双创”金融生态环境方面，如图 4.4.4 所示。

- 上海 2017 年地方财政科技支出达到 341.71 亿元，地方科技支出占公共财政支出比重达到 4.94%。
- 创新活跃度方面，上海 2017 年高新技术企业数量 6938 家，在新增发明专利申请数量 51842 件，PCT 专利申请量仅有 1560 件，均低于北京和深圳。

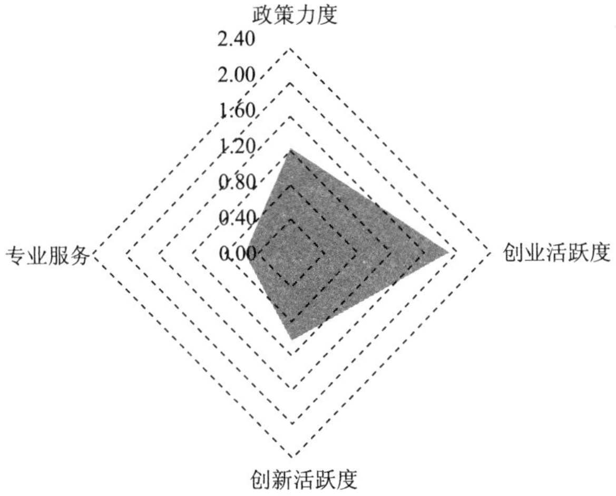

图 4.4.4 上海“双创”金融生态环境分项评估

第五章　“双创”金融发展优秀城市

第二级“双创”金融城市，即“双创”金融发展优秀城市，共有8个城市，分别为广州、杭州、成都、苏州、南京、天津、重庆和武汉。

5.1　分层概况

“双创”金融发展优秀城市在“双创”金融指数分项得分上整体也表现优异，但不如“双创”金融发展领先城市那般全面，在个别方面还存在短板，如表5.1.1所示。

表5.1.1　“双创”金融发展优秀城市各分项指数比较

城市	综合指数		“双创”金融机构		“双创”金融市场		“双创”金融服务		“双创”金融生态	
	得分	排名	分项得分	分项排名	分项得分	分项排名	分项得分	分项排名	分项得分	分项排名
广州	53.87	4	6.82	7	8.35	4	11.54	4	27.16	5
杭州	49.63	5	11.51	4	6.26	5	10.34	5	21.52	6
成都	44.27	6	6.44	9	3.57	9	6.75	12	27.51	4
苏州	38.92	7	7.00	6	2.90	12	8.10	9	20.93	7
重庆	37.24	8	6.15	10	1.87	19	8.50	7	20.72	8
天津	36.88	9	6.82	8	2.54	13	8.47	8	19.06	10
南京	36.64	10	7.04	5	3.35	10	8.88	6	17.38	12
武汉	32.49	11	5.91	11	3.81	7	4.88	14	17.90	11

- 本期广州在综合实力方面超过杭州，排名全国第4。其在“双创”金融市场和“双创”金融服务方面均要优于杭州，仅次于北京、深圳和上海。

- 在“双创”金融机构实力方面，杭州有很大的比较优势，其在各类创投机构数量和规模方面都要高出同一层级其他城市，仅次于北京、深圳和上海。

- “双创”金融发展优秀城市在“双创”金融市场分项方面具有较大的差异性，各城市之间得分出现较大分化。根本原因在于，“双创”金融发展优秀城市在新三板、区域股权市场等金融市场方面的服务利用水平还不高，特别是与北京、深圳等城市相比，上市挂牌公司的数量和规模均有十分大的差距。

- 在“双创”金融服务方面，武汉和成都在该分项的表现相对要低于8个城市平均水平，其中很重要的一个因素是两者在年度并购服务规模、中小企业私募债券融资规模等方面相对较小，该分项的表现较自身综合排名有较大的差距。

- 相对来说，各城市在“双创”金融生态方面的表现差异最小，各城市基本处于相近的水平。同时，“双创”金融生态的表现也成为各个城市综合排名表现的最大贡献分项。8个“双创”金融发展优秀城市，其“双创”金融生态分项得分占到各自综合得分将近40%。成都凭借该分项排名第4的得分优势，力保自身综合排名全国第6的位置。

5.2　广州

广州创新创业的基础和环境具有突出优势，虽然与北京、深圳、上海等相比仍有一定差距，但是作为广东省省会，广州市场经济发达，教育实力和产业基础雄厚，人力资源储备丰富，政府支持力度较强，未来有望挤进第一梯队。

5.2.1 发展现状

在全国上下倡导大众创新、万众创业的大环境中，广州“双创”工作一直走在全国前列。近年来，在制度创新和科技创新的双轮驱动下，广州充分发挥金融产业实力雄厚、金融服务体系健全、金融创新活跃的优势，通过拓展直接融资渠道，搭建包括科技投资引导、科技信贷融资、资本市场融资三大平台在内的科技金融服务网络，促进金融与产业、企业和创新创业的深度融合，初步形成各类金融工具协同支持实体经济发展的良好局面。

一是“双创”顶层设计不断完善。自 2015 年开始，广州不断夯实创新基础，陆续出台培育科技小巨人、高新技术企业及标杆企业等一系列利好政策，双创示范基地建设稳步推进，企业作为创新主体的地位进一步加强，创新驱动产业发展格局基本形成。同时，为加快推进金融为创新创业服务，广州积极开展政策性小额贷款保证保险试点，推动“中国青创板”正式落户广州，设立中小微企业金融服务区。在国家层面，珠三角创新自主示范区、《广州市城市总体规划（2011—2020 年）》相继获批，广州与周边城市联系更加紧密，构造辐射力更强的珠三角创新集群。

二是“风险投资之都”建设取得新进展。广州以打造“风投之都”为目标推出了一系列政策举措，包括举办风险投资论坛、设立规模百亿的风投引导基金、成立全国首个创新资本研究院、揭牌全国首座风投大厦、打造全国首个国际金融岛等。同时，自 2015 年出台《关于促进广州市股权投资市场规范发展暂行办法》以来，广州一手搭建政策服务体系，简化工商登记流程，一手鼓励开展业务创新，建设集聚发展平台，深入企业调研，激发了一批具有影响力的股权投资机构落户广州。

三是引导基金体系基本成型。作为全国最早探索设立政府引导基金的城市之一，广州从2010年起即设立创业投资引导基金，2013年设立广州产业转型升级引导基金，2015年设立广州工业发展引导基金，2016年设立广州中小企业发展基金。当前，广州已在市级层面形成涵盖产业转型升级、工业发展、中小企业、大数据、科技创新、城市更新等领域的引导基金体系。此外，越秀、天河、番禺、增城、广州开发区等区均有设立专项引导基金，同步构建市区两级政府投资基金体系。

5.2.2 发展特征

广州在金融支持“双创”方面，具有以下几个明显特征：

一是注重产融结合。为引导金融资源向科技领域配置，促进科技、金融、产业融合发展，广州早在2015年9月就出台《关于促进科技、金融与产业融合发展的实施意见》，按照“围绕产业链部署创新链、围绕创新链完善资金链”的改革要求，在发展创业投资、发展科技信贷、发展和利用多层次资本市场、构建科技金融与产业融合发展的科技管理体制、建设科技金融与产业融合发展的服务体系等方面提出多项具体措施，探索“双创”金融服务发展新模式。

二是依托示范基地。广州高新技术开发区科学城是全国双创示范基地，已在电子信息、生命健康、智能制造、新能源等行业聚集一批龙头企业。为此，广州注重通过龙头企业带动、配套推动和链接互动来推进双创示范基地建设，并提出“三年内建造380家以上孵化器，实现在孵企业3000家以上”的目标，为“双创”金融服务发展营造提供巨大空间。2017 年国家级孵化器培育单位认定，广东全省 48 家，广州 14 家；省级众创空间试点单位认定，广东全省 98 家，广州 27 家，均居全省第一。

三是政府主动创新。目前，全国绝大部分地方政府均采取直接补助、设立引导基金等方式扶持企业发展，而广州创新性地采用财政资金股权直投的方式，着力培育具有较强国际竞争力的大型企业和企业集团，促进产业规模化、集约化发展，推动广州战略性新兴产业基地建设。从 2014 年起，在战略性主导产业发展资金中安排 1.88 亿元股权直投 8 家广州企业。截至 2017 年 6 月，广州瑞博奥生物科技、金发碳纤维新材料发展两家公司已顺利退出。

5.2.3 指数评价

本期广州“双创”金融综合指数得分 53.87 分，排名全国第 4 位。在四个分类指数排名中，广州“双创”金融机构实力位居全国第 7 位，“双创”金融市场发展位居全国第 4 位，“双创”金融服务水平位居全国第 4 位，“双创”金融生态环境位居全国第 5 位，如表 5.2.1 所示。广州金融支持“双创”的综合表现突出，且各分项指标较为均衡，但金融机构实力稍显不足。

表 5.2.1 广州“双创”金融指数排名及得分

指标		本期得分	同比上期	本期排名	同比上期
“双创”金融综合指数		53.87	▲22.80	4	▲1
分类指数构成	“双创”金融机构	6.82	▲0.22	7	▼1
	“双创”金融市场	8.35	▲2.89	4	—
	“双创”金融服务	11.54	▲3.85	4	▲1
	“双创”金融生态	27.16	▲15.84	5	—

在“双创”金融机构实力方面，如图 5.2.1 所示。

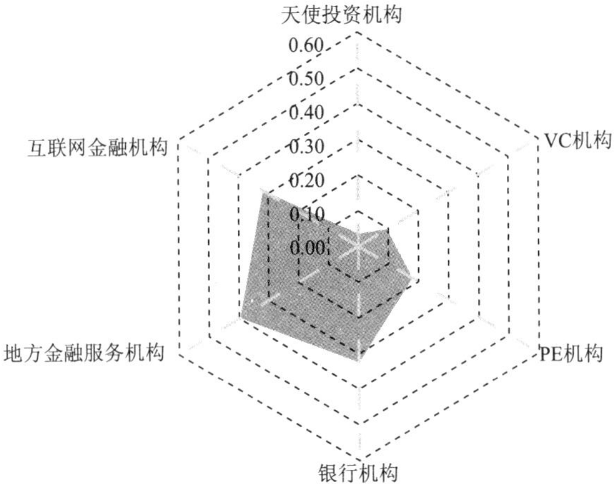

图 5.2.1 广州“双创”金融机构实力分项评估

- 广州互联网金融发展处于全国中上流水平。2017 年广州拥有网贷平台 105 家，第三方支付机构 9 家。
- 2017 年广州天使投资、VC 和 PE 机构分别为 8 家、137 家和 496 家，管理资金规模分别为 0.07 亿美元、119.4 亿美元和 270.2 亿美元，与其他省会城市相比具有一定优势，但较之于北京、深圳和上海差距不小。
- 广州地方金融服务机构在全国居于领先地位。2017 年广州拥有 92 家融资担保机构，461 家小额贷款机构以及 286 家融资租赁机构，在全国处于较为领先的地位。

在“双创”金融市场发展方面，如图 5.2.2 所示。

- 广州在区域股权市场方面比较优势明显。2017 年广州区域股权市场挂牌公司数量达到 4984 家，远超过同区域其他城市。
- 要素交易市场是广州“双创”金融市场的强项之一。2017 年广州为要素交易平台 35 家，与 2016 年持平，但技术市场交易规模达到 758.17 亿元，较 2016 年增长 14.4%。

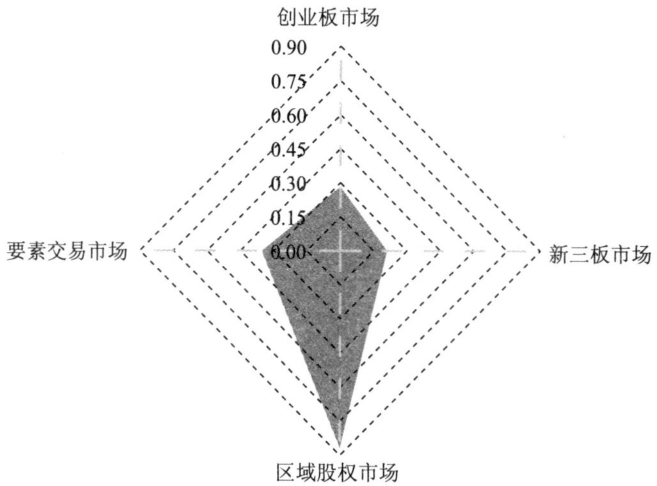

图 5.2.2　广州“双创”金融市场发展分项评估

- 新三板和创业板市场是广州“双创”金融市场发展的薄弱环节，但较 2016 年有所进步。2017 年广州创业板挂牌公司数量为 26 家，新增 6 家；新三板挂牌公司数量为 430 家，新增 84 家。

在“双创”金融服务水平方面，如图 5.2.3 所示。

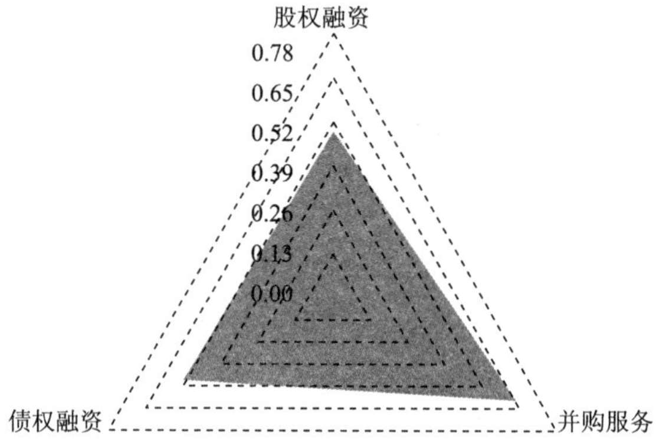

图 5.2.3　广州“双创”金融服务水平分项评估

- 广州在债券融资方面表现稳定。2017 年广州银行小微企业贷款余额和小额贷款公司贷款余额分别为 4946.7 亿元和 855.6 亿元，均较 2016 年有所增加。

- 广州股权投资和并购交易市场活跃度大幅上升。2017 年广州共发生 267 件股权投资案例，股权融资规模为 674.59 亿元，而 2016 年仅为 48 件和 28.1 亿元。2017 年广州共发生 132 次并购交易，涉及并购规模达到 413.97 亿元，远高于 2016 年的 18 次和 128.51 亿元。

在“双创”金融生态环境方面，如图 5.2.4 所示。

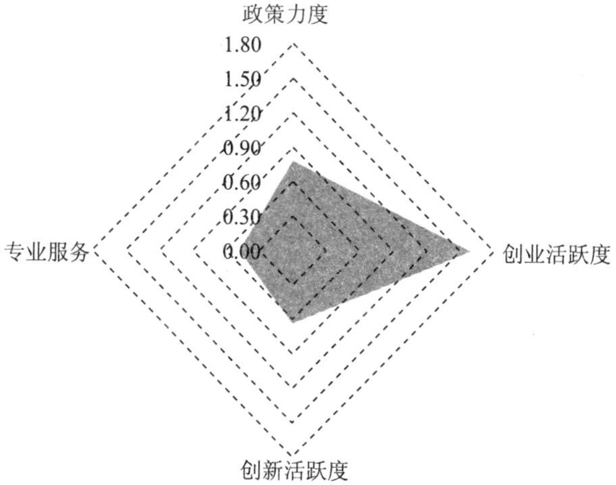

图 5.2.4 广州“双创”金融生态环境分项评估

- 广州金融专业服务持续保持全国领先地位。2017 年广州每万人注册会计师为 2.41 人，每万人执业律师为 7.56 人，资产评估机构为 75 家，均较 2016 年有所上升。

- 在政策力度方面，2016 年广州地方财政科技支出规模达到 112.95 亿元，占公共财政支出的 5.81%，比 2015 年高出 2.45%。

- 广州创新创业环境有效改善，尤其是创业活跃度上升明显，这主要得益于新注册企业数、新增商标注册件数、新增发明专利申请量和 PCT 专利申请量的增多。

5.3 杭州

在本期“双创”金融指数排名中，杭州综合排名高居前五，各个分项实力也较为全面，这与杭州目前较好的双创金融发展态势是分不开的。

5.3.1 发展现状

从2007年杭州市成立杭州高科技担保公司开始尝试“改拨为投”的理念转变以来，杭州“双创”金融的发展走过了10个年头。从最近的2017年来看，杭州双创金融的发展有了新动向。

一是杭州高新技术开发区全力建设独具特色的“双创金融谷”，在打造“产业链+基金+孵化器+人才”的双创金融特色发展模式上颇具亮点。目前开发区共有各类金融机构55家，招引礼来亚洲基金、深创投红土基金、海邦基金、海慧识睿基金、赛伯乐基金、镜心基金、百豪基金、博将资本等各类基金及基金管理公司40多家；投资类企业520余家；上市企业4家、新三板挂牌企业15家、浙江股交中心挂牌企业296家，已报会企业3家、处于辅导期企业3家、列入上市重点培育企业15家。各类基金总规模已达160亿元。

二是发行了浙江首只“双创债”。财通证券承销的浙江省首只双创债——“17胄天债”顺利完成发行，发行规模1200万元，期限2年，票面利率6.5%，债券票面利率为证监会“双创债”试点工作小组成立以来民企主体债券最低。

5.3.2 发展特征

从2017年的发展动向来看，杭州“双创”金融的发展体现两个可喜的特征和趋势：

一是强调“双创”载体的集聚功能。“双创金融谷”正在成为杭州双创金融发展的核心载体与基地，创新创业活动和金融资源正加速集聚，表明杭州“双创”金融的发展逐渐回归理性，体现出集聚发展的特征，这将显著提升金融服务创新创业活动的效率，符合经济活动集聚发展的规律。

二是注重金融工具的创新发展。浙江省首只创新创业债在杭州发行，表明通过金融工具的创新来支持“双创”发展成为杭州“双创”金融发展的重要新特征之一，创新创业活动的主体是广大小微企业，且集中于科技创新行业，传统金融服务无法提供高效的支持，因此不断进行金融工具创新，是“双创”金融发展的必然趋势。

5.3.3 指数评价

本期杭州“双创”金融综合指数得分 49.63 分，排名全国第五。四个分类指数排名中，杭州“双创”金融机构实力位居全国第四，“双创”金融市场发展位居全国第五，“双创”金融生态环境位居全国第六，均与第一期排名持平；“双创”金融服务水平位居全国第五，较首期排名下降两位。如表 5.3.1 所示。

表 5.3.1 杭州“双创”金融指数排名及得分

指标		本期得分	同比上期	本期排名	同比上期
“双创”金融综合指数		49.63	▲16.67	5	▼1
分类指数构成	“双创”金融机构	11.51	▲2.69	4	—
	“双创”金融市场	6.26	▲1.50	5	—
	“双创”金融服务	10.34	▲1.53	5	▼2
	“双创”金融生态	21.52	▲10.94	6	—

在“双创”金融机构实力方面，如图 5.3.1 所示。

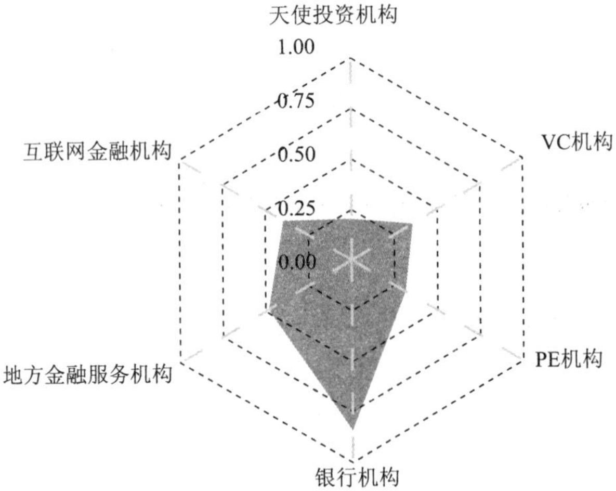

图 5.3.1　杭州“双创”金融机构实力分项评估

- 杭州在银行机构发展方面具备比较优势，2017 年拥有 1544 家商业银行支行，超过同区域的南京、苏州等地，并拥有一家新型民营银行。
- 2017 年杭州 VC 和 PE 机构数量分别达到 370 家和 853 家，管理资金规模总共达到 926. 44 亿美元，远高于同区域其他城市。
- 在“双创”金融市场发展方面，如图 5. 3. 2 所示。

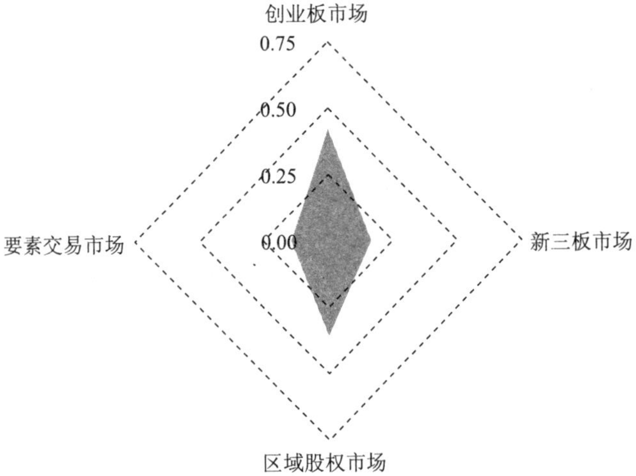

图 5.3.2　杭州"双创"金融市场发展分项评估

• 杭州在创业板市场发展利用方面表现十分优异，在该分项排名全国第四，仅次于上海。2017 年杭州共有 35 家创业板上市公司，上市公司总市值达到 3117. 87 亿元，全年新增 9 家上市公司。

• 杭州在区域股权市场同样有较明显的比较优势，2017 年杭州区域股权市场挂牌公司数量达到 2041 家，挂牌公司注册资本规模达到 170. 48 亿元，均超过同区域其他城市。

在“双创”金融服务水平方面，如图 5. 3. 3 所示。

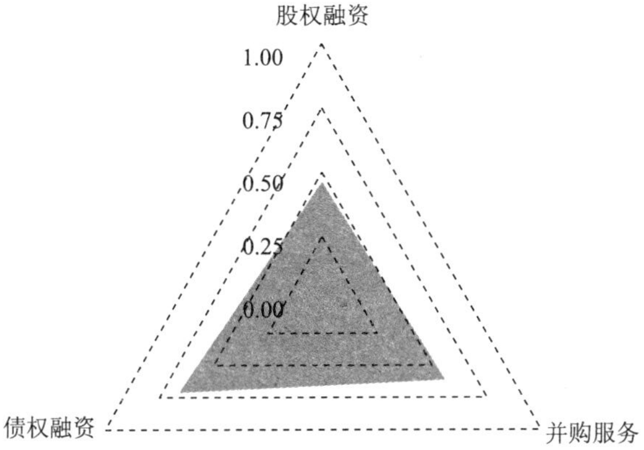

图 5. 3. 3 杭州“双创”金融服务水平分项评估

• 债权融资在杭州金融服务中占有重要地位，2017 年银行小微企业贷款余额已经达到 7231. 04 亿元，占贷款总额的 24. 70%，在全国处于中上水平。

• 杭州股权融资服务发展迅猛，2017 年杭州股权投资案例数达到 365 件，股权融资规模达到 363. 12 亿元，境内股票市场融资规模达到 403. 24 亿元，远超同区域其他城市，且相比 2016 年大幅增长。

在“双创”金融生态环境方面，如图 5. 3. 4 所示。

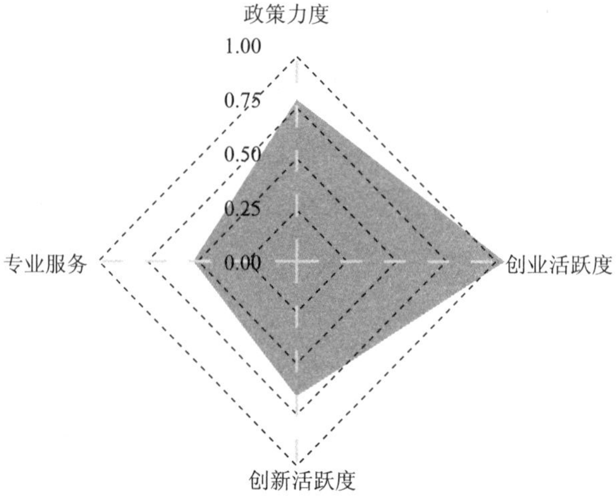

图 5.3.4　杭州“双创”金融生态环境分项评估

- 2017 年杭州新设市场主体 214000 家，新增商标注册 78899 件，创业活跃度良好。

- 在创新活跃度方面，杭州 2017 年共有国家高新技术企业 2255 家，新增发明专利申请量为 23140 个，新增 PCT 专利申请量达到 538 个，处于国内中上水平。

- 在每万人注册会计师数、每万人执业律师数和资产评估机构数在同区域其他城市中也处于中上水平。

5.4　成都

成都市在双创“金融”创新发展的探索上起步较早，早在 2009 年即设立了科技型专营支行。随着 2014 年李克强总理提出“大众创新、万众创业”以来，成都市迅速成为我国西部“双创”高地，在探索“双创”金融创新发展上步伐加快，目前已经形成较好的发展态势。

5.4.1 发展现状

2017年，成都创新创业工作取得重要进展。一是大力推进全面创新改革试验，国家第一批复制推广的13项改革经验中，成都占5项。二是加强协同创新，成都持续深化在蓉高校职务科技成果权属混合所有制改革，一批科研成果完成确权，新建4个新型产业技术研究院，天府新区、新希望集团获批国家双创示范基地。三是加强知识产权工作，2017年成都获批国家知识产权强市创建市，开展知识产权综合管理体制改革试点，成立成都知识产权审判庭。四是积极推动商事主体建设，全年新增市场主体46.4万家、增长42%，新增科技型企业2万家、增长55%，高新技术企业达到2473家、增长17.9%，高新技术产业产值增长11.8%。五是深入推进军民融合创新，创建军民融合供应商管理体系，开工建设涡轮院研发总部、北航西部国际创新港。扎实抓好创新创业，成立新经济发展委员会和新经济发展研究院，新华三成都研究院等项目签约落户。六是加大创新创业人才吸引力度，2017年出台人才新政十二条，吸引13万余名本科以上学历人才来蓉落户发展。七是组织创新创业对接活动。成功举办2017年创交会，47个国家参会，交易额240.3亿元。组织“菁蓉汇”系列活动188场。建成各类创新创业载体260家、面积1654万平方米。

在金融支持创新创业方面，成都高新区已形成了“三大科技金融专项扶持政策+一个科技金融创新服务平台+多个科技金融服务产品（3+1+N）”服务模式，辐射1.5万余家在孵科技型企业。2017年6月，成都市在全国率先试点发行银行间市场“双创”债，由成都高新投资集团有限公司作为发行人，规模10亿元人民币，期限5年，国家开发银行为主承销商，将用于支持高新区内科技型“双创”企业。该债券的成功发行为成都高新区建设拓展融资渠道提供了一条新路径，是成都探索“双创”金融联动发展的一项创新。

5.4.2 发展特征

成都市“双创”金融创新发展，具有以下两个特征：

其一，金融资源集聚加快。在构建“双创”金融创新发展生态上，成都较为重视资源的集聚，尤其是人才资源。通过营造良好的创新创业氛围和环境，如推进天府基金小镇、金融总部商务区等金融载体的建设，搭建菁蓉汇、创交会等交流推介平台，连续推出一系列有诚意的人才政策、金融扶持政策、政府服务政策等等，成都吸引了众多国内外高端资本、人才的集聚。金融资源的加快集聚推动了成都金融业发展加速，对成都“双创”发展提供了有力支撑。数据显示，2017 年成都市金融业增加值达 1604.3 亿元，同比增长 8.4 个百分点。

其二，形成了以成都高新区为核心的多点发展态势。成都高新区作为国家级高新技术产业开发区、国家自主创新示范区、全国科技和金融结合试点地区、国家知识产权示范园区、国家高新技术产业标准化示范区等等，是成都名副其实的双创“金融”发展主战场，在双创金融创新发展上取得了示范性成效。而除了成都高新区，四川大学、天府国际基金小镇、成都郫县、成都金融总部商务区、成都科学城、长虹集团等区域、高校、企业、金融载体等在“双创”金融创新发展上也发挥着各自作用。例如，四川大学在建设高校和科研院所示范基地，促进科技成果转化上进行了探索，成都科学城则在构建尖端科技创新金融服务体系上取得了成效。

5.4.3 指数评价

本期成都“双创”金融综合指数得分 44.27 分，排名全国第 6。

四个分类指数排名中，成都“双创”金融机构实力位居全国第9，“双创”金融市场发展位居全国第9，“双创”金融服务水平位居全国第12，“双创”金融生态环境位居全国第4，如表5.4.1所示。这表明，成都在打造良好的“双创”金融生态环境方面成绩较为突出。

表5.4.1 成都“双创”金融指数排名及得分

指标		本期得分	同比上期	本期排名	同比上期
“双创”金融综合指数		44.27	▲18.86	6	—
分类指数构成	“双创”金融机构	6.44	▲0.66	9	▼1
	“双创”金融市场	3.57	▲0.04	9	▼2
	“双创”金融服务	6.75	▲2.41	12	—
	“双创”金融生态	27.51	▲15.74	4	—

在“双创”金融机构实力方面，见图5.4.1。

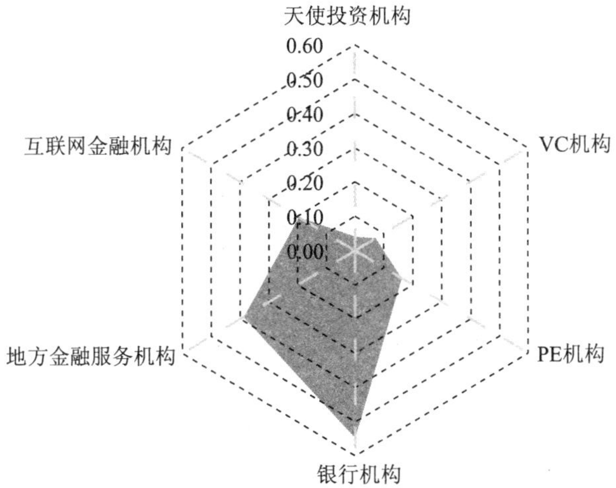

图5.4.1 成都“双创”金融机构实力分项评估

• 成都银行机构实力具有一定的比较优势，截至 2018 年 2 月，商业银行支行数量达到 1932 家，在西部区域仅次于重庆。同时，成都还拥有 1 家新型民营银行，资产规模达到 30.8 亿元。

• 在地方金融服务机构方面，截至 2018 年 4 月，成都融资担保机构数量达到 137 家，略低于重庆和昆明。

• 在互联网金融机构方面，截至 2018 年 3 月，成都网贷平台数量达到 73 家，第三方支付机构数量达到 5 家，仅次于重庆。

• VC 和 PE 机构是成都“双创”金融机构发展的最突出优势。截至 2017 年底，成都拥有 VC 机构 121 家，PE 机构 507 家，远远超过西部区域其他城市，但与东部地区相比，存在巨大差距。

在金融市场发展方面，如图 5.4.2 所示。

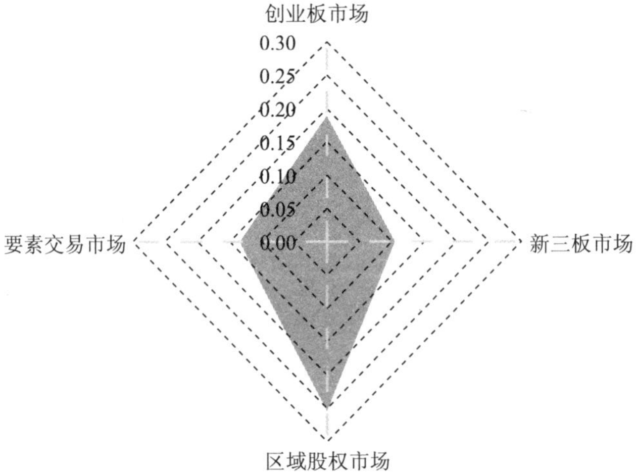

图 5.4.2　成都“双创”金融市场发展分项评估

• 成都在创业板市场发展方面，在全国具有一定的领先优势。2017 年创业板上市公司达到 25 家，上市公司总市值达到 1229.24 亿元，远高于西部地区其他城市。

● 区域股权市场发展方面，成都也具有一定优势。2017 年挂牌公司数量达到 983 家，注册资本规模达到 272.1 亿元。

● 相对而言，成都新三板市场发展与发达地区相比相对滞后。2017 年成都新三板挂牌公司数量达到 232 家，较上一年度增加 27 家，尽管在存量和增量方面超过西部地区其他城市，但在全国来看，其发展还有待进一步提升。

在“双创”金融服务水平方面，如图 5.4.3 所示。

● 成都仅在债权融资方面具有一定比较优势，截至 2016 年底，成都银行小微企业贷款余额达到 4816.63 亿元，占贷款总额的 16.44%，两项指标在西部地区仅次于重庆，在全国也处于前列。

● 股权融资方面，2017 年仅完成股权投资案例 106 件，融资规模只有 169.28 亿元，但远高于西部地区其他城市，较 2016 年有大幅增长。

● 并购服务方面，2017 年发生 72 次并购，规模达到 279.55 亿元，在全国处于中等水平，但较 2016 年有较大提升。

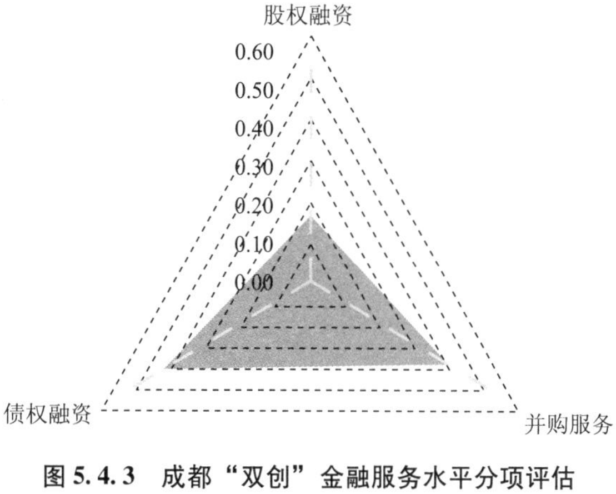

图 5.4.3　成都“双创”金融服务水平分项评估

在“双创”金融生态环境方面，如图 5.4.4 所示。

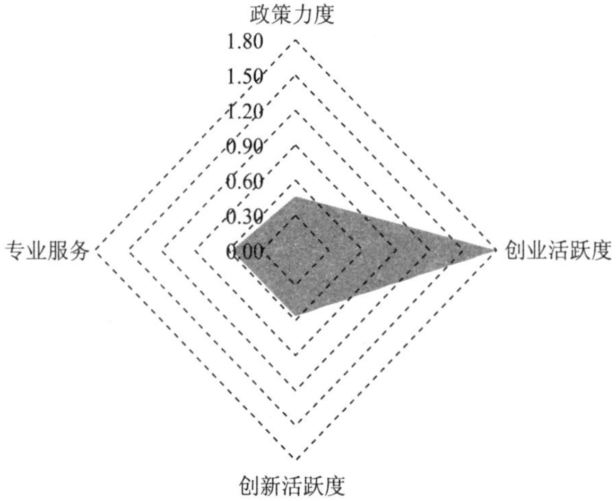

图 5.4.4　成都“双创”金融生态环境分项评估

- 成都在创业活跃度方面在全国处于领先地位，2017 年新注册企业数达到 46.4 万家，新增商标数达到 5.84 万家。
- 专业服务方面，截至 2017 年 3 月，共有注册会计师数 5116 人，每万人执业律师数达到 6.25 人，共有资产评估机构 149 家，均超过西部区域其他城市。
- 创新活跃度是成都“双创”金融生态环境的短板，2016 年成都高新技术企业数量达到 2025 家，PCT 专利申请量达到 450 件，尽管在西部地区领先，但在全国处于中等偏下水平。

5.5　苏州

苏州市在本次双创金融指数表现良好，排名第 7 名，与上期排名持平，表明 2017 年以来，苏州双创金融的发展继续保持良好态势。

5.5.1 发展现状

从2012年苏州保监分局推动设立人保财险苏州科技支公司开始，苏州双创金融的发展已经走过5个年头。2017年，苏州双创金融的发展颇具亮点。

一是苏州市众创空间发展协会快速成长，已成为众创空间的“众创空间”。目前，苏州众创空间发展协会成员已达118家，覆盖所有县（市）区，苏州已拥有国家级、省级众创空间分别达32家和88家，发展规模继续领跑江苏省，已认定的市级众创空间93家。协会通过“创客天堂·创行苏州”企业服务对接系列品牌沙龙、资源对接、技术交流等活动，让这一批众创空间的发展更加顺畅，更具质量。

二是苏州市创新产业发展引导基金管理公司揭牌成立。苏州国发集团、招商银行、江苏银行等与苏州市创新产业发展引导基金签署了母基金投资协议，部分子基金投资协议也在会上签署。苏州市创新产业发展引导基金总规模500亿元，首期规模120亿元，计划通过3年时间，在苏州各区市（县）板块累计完成30到50只基金的投资，累计形成1000亿元基金总规模，预计带动各类社会资本投资累计将达到5000亿元。设立苏州市创新产业发展引导基金旨在推动苏州市金融创新与企业创新、科技创新有效融合，充分发挥政府资金的引导作用，加强区域联动、整合条块资源，运用市场手段引进社会资本和优秀基金管理团队投资苏州市新兴产业，促进全市产业转型升级和创新发展。

5.5.2 发展特征

过去的2017年，苏州双创金融已经呈现新的发展特征：

一是协会带头。通过苏州众创空间发展协会的建立和成长，推动苏州市众创空间的发展质量和数量不断提升，苏州双创金融已经走向一条可持续的良性发展道路。

二是政府引领。创新产业发展引导基金的设立和发展，通过财政资金的撬动作用，将吸引大量社会资本为苏州小微企业和科研创新提供有力金融支持，表明苏州双创金融的发展中，政府推动作用占据重要地位。

5.5.3 指数评价

本期苏州“双创”金融综合指数得分 38.92 分，排名全国第七，与上期排名持平。四个分类指数排名中，苏州“双创”金融机构实力位居全国第六，“双创”金融市场发展位居全国第十二，均比上期排名下降一名；“双创”金融服务水平位居全国第九，“双创”金融生态环境位居全国第七，与上期持平。如表 5.5.1 所示。

表 5.5.1 苏州“双创”金融指数排名及得分

指标		本期得分	同比上期	本期排名	同比上期
“双创”金融综合指数		38.92	▲14.08	7	—
分类指数构成	“双创”金融机构	7.00	▲0.36	6	▼1
	“双创”金融市场	2.90	▲0.73	12	▼1
	“双创”金融服务	8.10	▲2.04	9	—
	“双创”金融生态	20.93	▲10.95	7	—

在“双创”金融机构实力方面，如图 5.5.1 所示。

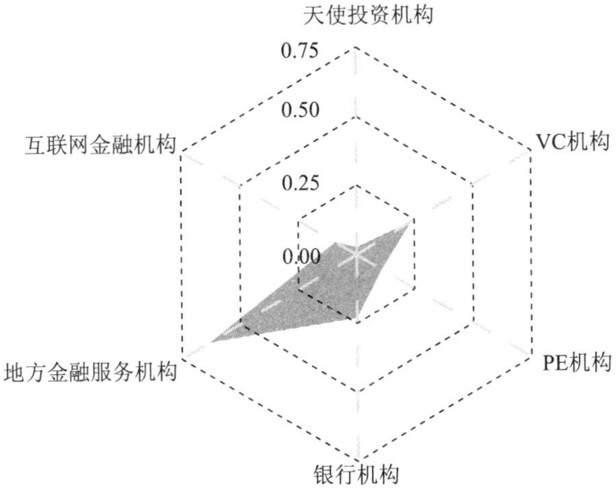

图 5.5.1　苏州“双创”金融机构实力分项评估

● 苏州在地方金融服务机构方面具备一定优势，尤其在小额贷款机构方面，拥有 630 家小额贷款机构，与南京持平。

● 截至 2017 年底，苏州共有 339 家 VC 机构，同区域里仅次于杭州的 370 家，管理资金的规模达到 171.50 亿美元。

● 苏州 PE 机构发展发展势头较好，截至 2017 年，苏州 PE 机构已经达到 299 家，相比 2016 年（133 家）大幅增长，但仍然明显落后于杭州。

在“双创”金融市场发展方面，如图 5.5.2 所示。

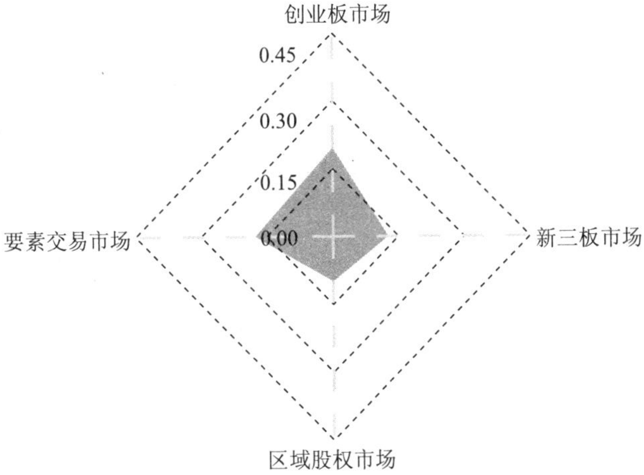

图 5.5.2　苏州“双创”金融市场发展分项评估

● 苏州创业板市场发展在区域内处于较为领先的地位。2017 年上市公司数量达到 19 家，总市值达到 798.55 亿元。

● 在新三板市场发展方面，2017 年苏州共有挂牌公司 282 家，在东部沿海区域金融中心中仅次于杭州。

● 苏州区域股权市场一年以来迅速发展，挂牌公司达到 512 家，相比 2016 年的 92 家大幅增长。

在“双创”金融服务水平方面，如图 5.5.3 所示。

● 苏州仅在债权融资方面具有较强的比较优势，尤其是银行小微企业贷款余额达到 5761 亿元，占贷款总额的 23.14%，在东部沿海区域金融中心中，规模仅次于杭州，远高于区域内其他城市。

● 在股权融资和并购服务方面，苏州发展较快，2017 完成了 141 起股权投资案例，融资规模达到 77.45 亿元，全年发生 91 次并购，并购规模达到 175.62 亿元，在同区域城市里表现仅次于杭州。

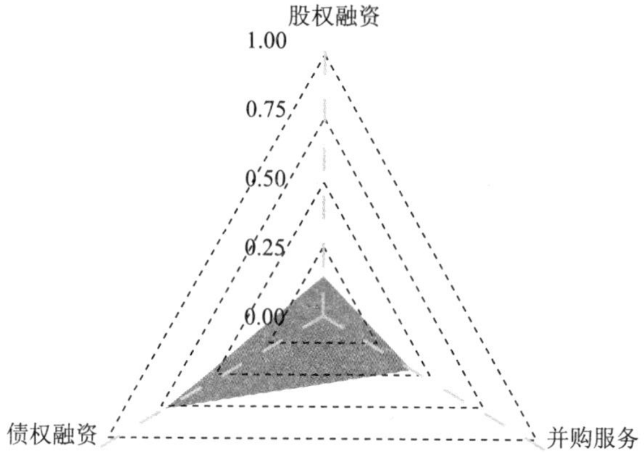

图 5.5.3　苏州“双创”金融服务水平分项评估

在“双创”金融生态环境方面，如图 5.5.4 所示。

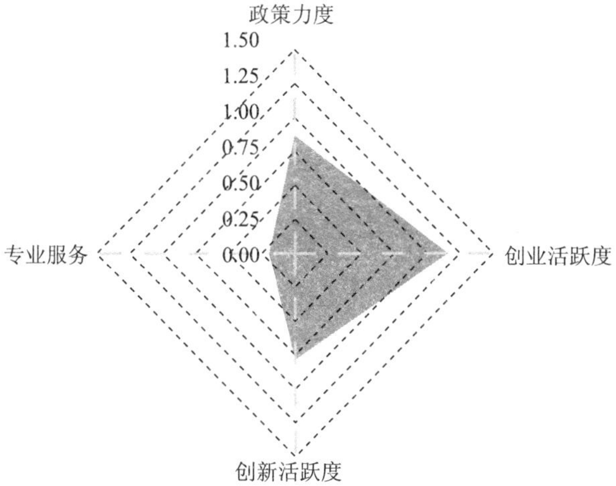

图 5.5.4 苏州“双创”金融生态环境分项评估

- 苏州对“双创”发展继续加强政策扶持力度，2016 年地方财政科技支出达到 95.19 亿元，占公共财政支出的比例高达 5.89%。
- 苏州创业活跃度较高，当年新设市场主体数达到 277000 家，新增商标注册 43027 件，在区域内处于领先地位。
- 专业服务是苏州金融生态环境发展的短板，2017 年仅有资产评估机构 26 家，2018 年 3 月每万人注册会计师数仅有 0.78 人。

5.6 重庆

作为我国西部核心城市之一，重庆在双创金融的创新发展上取得了一定成效，目前两江新区入选全国首批 28 个双创示范基地之一，已初步建立起“双创”金融服务体系。

5.6.1 发展现状

2017 年，重庆积极推动创新创业纵深发展。一是以创新培育发展新动能。推动技术供给、创新生态、科技平台多管齐下，全社会研发经费支出增长19.1%，发明专利授权6138件，新增科技型企业3465家；物联网、智能网联汽车等行业建成一批技术创新联盟和研发平台。改革科技成果分配和股权激励机制，设立科技要素交易中心，股权投资、债权融资等创新金融支撑体系初步建立；设立北斗导航产品质检中心和国家（重庆）商标审查协作中心，成为国家功率半导体封装测试、工业机器人等高新技术产业化基地。二是积极推动市场主体发展。2017年，重庆市场主体净增19.97万户，新发展微企7.41万户，全市共有各类市场主体234.43万户，比上年增长9.2%，其中全年市场主体净增长19.97万户，新发展微型企业7.41万户，年末微型企业达56.07万户，增长8.3%。

在金融支持创新创业方面，重庆积极发展创业担保贷款助力“双创”工作，2016年，全市共计发放扶持创业贷款47.9亿元，同比增长58%，扶持创业3.9万人，带动就业18.2万人。此外，重庆积极利用金融创新推动“双创”发展，2017年4月，重庆高新区开发投资集团有限公司发行全国首单公募类双创债，票据注册规模20亿元，本期发行规模10亿元，期限5年，为同期西部地区中期票据品种发行利率最低，募集资金用于提升重庆市高新区技术产业开发区现代化运营水平，并实现对园区内双创企业股权投资和直接支持。

5.6.2 发展特征

重庆市“双创”金融创新发展，具有以下两个特征：

其一，形成“两极”发展、以点带面的格局。重庆市在双创金融创新发展的探索上，有两个区走在了前面，即两江新区和璧山高新区。两江新区是重庆首批“双创”示范基地，通过设立专项资金和信用担保基金、探索服务科创型小微企业资本平台、出台系列扶持政策等措施，两江新区双创金融服务体系初步形成；璧山高新区则先后入选国家级新区和国家自主创新示范区，经过数年探索，已经建立起一个全方位整合银行、担保、保险和创投等资源，集金融产品服务、金融中介服务、信用评价等多项服务功能于一体，及时对接和解决辖区内中小微企业不同发展阶段的融资需求的中小微企业综合融资平台。

其二，注重开放。与天津市类似，重庆市致力于构建一个更为开放的“双创”金融创新发展生态，所不同的是，天津市是天然的港口，而重庆则是后天打造的“内陆开发高地”。2016 年重庆宣布打造“内陆开放高地”，并在相应的发展规划中提出推进中国匈牙利两江创新创业中心建设、建立健全支持科技创新发展的国际金融合作机制、探索跨境金融资产交易试点等举措，同时在金融、及创新创业要素集聚上突出国际元素，如积极引入国际金融机构、创新企业、吸引国际高端人才等。

5.6.3 指数评价

本期重庆“双创”金融综合指数得分 37.24 分，排名全国第 8，较上期提升 2 位。四个分类指数排名中，重庆“双创”金融机构实力位居全国第 10，“双创”金融市场发展位居全国第 19，“双创”金融服务水平位居全国第 7，“双创”金融生态环境位居全国第 8，如表 5.6.1 所示。

表 5.6.1 重庆“双创”金融指数排名及得分

指标		本期得分	同比上期	本期排名	同比上期
“双创”金融综合指数		37.24	▲15.75	8	▲2
分类指数构成	“双创”金融机构	6.15	▲1.01	10	▼1
	“双创”金融市场	1.87	▲0.23	19	▼3
	“双创”金融服务	8.50	▲2.98	7	▲4
	“双创”金融生态	20.72	▲11.53	8	▲1

在“双创”金融机构实力方面，如图5.6.1所示。

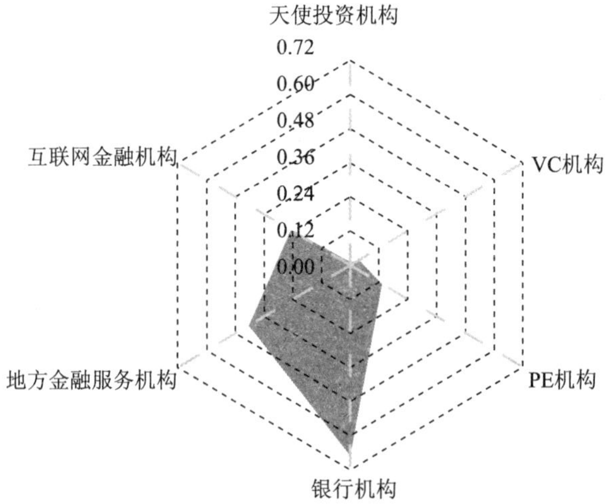

图5.6.1　重庆“双创”金融机构实力分项评估

- 重庆在银行机构发展方面具有一定的比较优势，截至2018年2月，拥有商业银行支行数量2311家，超过成都。

- 重庆的地方金融服务机构实力也具备一定优势，截至2018年4月拥有151家融资担保机构、266家小额贷款公司及75家融资租赁机构。

- 天使投资机构、VC和PE机构数量较少是重庆“双创”金融机构实力发展的主要短板。此外，管理资金的规模也处于较低水平。

在“双创”金融市场发展方面，如图5.6.2所示。

- 重庆区域股权市场发展具有一定优势，2017年挂牌公司数量达到582家，同区域内仅次于成都。

- 要素市场发展方面，重庆拥有14家要素交易平台，技术市场交易规模达到141.79亿元，处于区域中等水平。

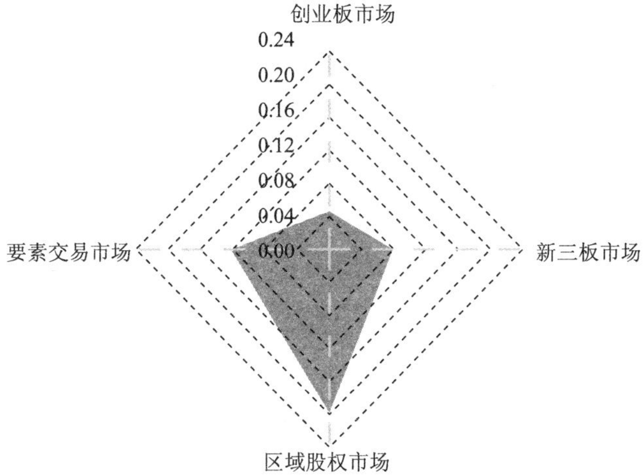

图 5.6.2 重庆“双创”金融市场发展分项评估

• 创业板市场发展是重庆的短板之一，2017 年仅有 5 家公司在创业板上市，总市值为 708.62 亿元，远低于同区域的成都。

在“双创”金融服务水平方面，如图 5.6.3 所示。

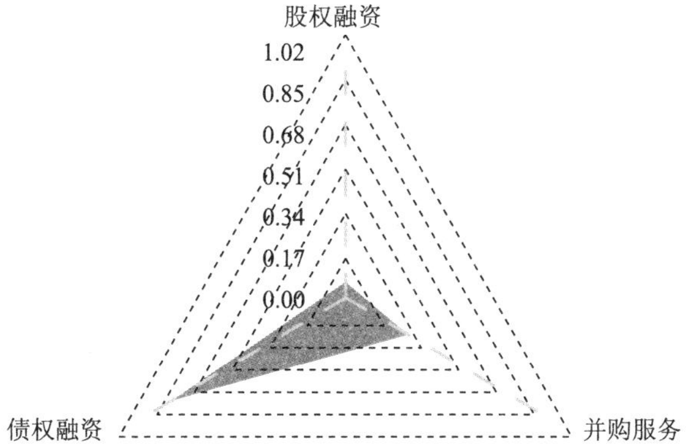

图 5.6.3 重庆“双创”金融服务水平分项评估

• 重庆仅在债权融资方面具有一定优势，2017 年银行小微企业贷款余额达到 5143.72 亿元，占贷款总额的 18.11%，两项指标均高于成都。

● 股权融资方面，重庆 2017 年仅有 59 起股权投资案例，投融资规模为 17.18 亿元；共发生 50 笔并购，金额为 197.1 亿元。

在“双创”金融生态环境方面，如图 5.6.4 所示。

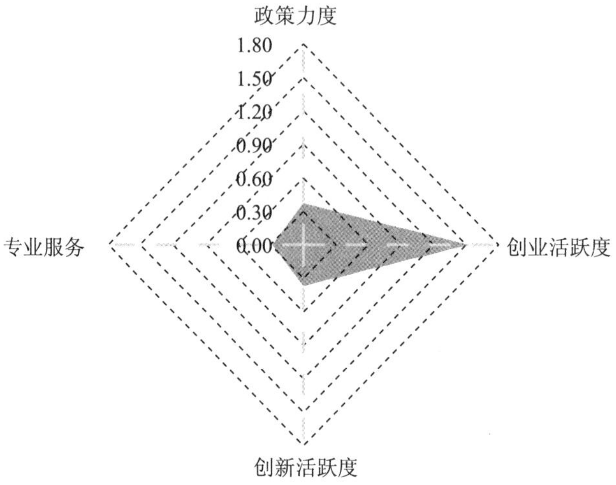

图 5.6.4 重庆“双创”金融生态环境分项评估

● 重庆创业活跃度较高，2017 年新增注册企业数 39.08 家，超过成都，当年新增商标注册 5.26 万件。

● 专业服务是重庆金融生态环境最大的短板，体现在每万人注册会计师数仅有 0.68，每万人执业律师数仅有 3.01。此外，资产评估机构数量也相对较少，仅有 110 家。

5.7 天津

天津构建“双创”金融创新发展生态，基本上是围绕滨海新区建设开展的，经过多年探索和改革，初步取得一定成效，在双创金融指数排名表现稳定，位列同区域首位。

5.7.1 发展现状

天津滨海新区中心商务区获批建设全国首批双创示范基地以来，以深化改革、推动创新为动力，以聚集国际化、高水平创新创业资源为重点，以构建与国际规则接轨、有利于创新创业的开放体系为支撑，各项重点任务进展顺利，取得积极成效。

一是创新主体规模快速增长。截至2017年11月，累计新落户各类“双创”企业4677家，初步形成创新金融、科技互联网、贸易与跨境电商三大特色产业集群。在新经济领域，一批具有行业领先性、高成长性龙头企业在中心商务区加快聚集，如共享经济领域、文化娱乐传媒领域、大数据和云计算领域、国际贸易和跨境电商领域等。

二是双创载体平台更加丰富。截至2017年11月，已有12家众创空间投入运营，合计注册企业869家，入驻办公企业329家。创业资本加速汇集，聚集各类投资基金超过130家。

三是双创人才快速聚集。一批创新创业人才落户中心商务区开展创新创业活动，截至2017年11月，引进人才累计落户达到1064人；于家堡创客公寓已入住各类人才2000余人；通过于家堡双创示范基地人才服务平台，已累计为区内创新创业企业招揽急需人才3000余名。

四是双创服务水平显著提高。先后推出“双创通”企业网络服务平台和行政审批预约预审系统，建立起“线上+线下”有机衔接的综合服务体系，为“双创”企业提供涵盖行政审批、载体服务、人才服务、平台服务、培训服务的全过程、零门槛服务，创新创业环境持续优化。2017年1—11月，“双创通”平台累计注册用户

2077个，生成的近3000笔订单办结率接近80%，真正让企业享受“足不出户，创业无忧”。

五是双创政策环境不断优化。积极落实国家及市、区促进大众创业、万众创新相关政策，结合区域发展实际，坚持市场导向和问题导向，研究出台促进科技创新、影视文化、商业发展等专项扶持政策，初步形成了有利于创新和创业融合互动的政策体系。

5.7.2 发展特征

天津在金融支持“双创”方面，具有以下几个发展特征：

第一，以滨海新区为基点。通过梳理天津“双创”金融发展政策历程，可以发现天津主要的探索和创新行为，几乎都是在滨海新区完成的，具体包括出台相关政策的目标企业，设立天使投资和产业投资引导基金、设立“双创”特区、于家堡金融区入选“双创”示范基地等。因此，滨海新区作为国务院批准的第一个国家综合改革创新区，已然成为天津“双创”政策最优越、“双创”金融最活跃、“双创”人才最集中的前沿阵地。

第二，改革与开放并重。作为我国北方最重要的港口城市和第二批自贸试验区，天津在营造创建“双创”金融生态圈的同时，极为注重引入对外开放的元素。以家堡金融区为例，其主要做法可概括为“1+3+1+N”：第一个“1”是将境外投资促进等涉及到政府行政事务等方面的相关服务，逐步建立服务标准和服务规范；“3”即3类市场化服务模块，包括搭建海外投资促进、跨境金融服务、专业中介服务三类市场化服务模块；第二个“1”即开展海外投资标的项目推介服务；“N”即逐步总结形成跨境投融资的N种业务模式和服务标准化流程。

第三，打造双创特区。天津从2015年9月开始揭牌成立双创特区，主要有三大特色。首先，自贸试验区的体制特色。全面落实负面清单管理、建设国家贸易“单一窗口”、扩大服务业开放等一系列投资和贸易便利化措施，着力推进跨境投融资、资本账户可兑换、加大知识产权保护等方面的制度创新，为创新创业提供与国际通行规则相衔接的制度环境。其次，自创区的政策特色。充分利用国家自主创新示范区政策，在这里率先构筑有利于创新和创业融合互动的政策体系和激励机制，从资金奖励、房租补贴、融资担保、人才落户等方面全方位助力企业发展、人才创新。最后，“企业动嘴、政府跑腿”的服务特色。实行服务专员制度，通过政府公共服务加购买服务的方式，向企业提供设立代办、财税咨询、融资对接等各类专业化服务，最大可能地为创新创业者降低成本、提供便利。

5.7.3 指数评价

天津在本期“双创”金融指数中综合得分为36.88分，排名全国第9位。在四个分类指数排名中，“双创”金融机构实力位居全国第8位，“双创”金融市场发展位居全国第13位，“双创”金融服务水平位居全国第8位，“双创”金融生态环境处于全国第10位，如表所示。天津本期“双创”金融综合指数排名不变，得益于各分项指标得分较为均衡，只是“双创”金融市场发展稍显不足。

表5.7.1 天津“双创”金融指数排名及得分

指标		本期得分	同比上期	本期排名	同比上期
“双创”金融综合指数		36.88	▲14.38	9	—
分类指数构成	“双创”金融机构	6.82	▲0.81	8	▼1
	“双创”金融市场	2.54	▲0.59	13	—
	“双创”金融服务	8.47	▲2.36	8	▼1
	“双创”金融生态	19.06	▲10.62	10	▲2

在“双创”金融机构实力发展方面，如图 5. 7. 1 所示。

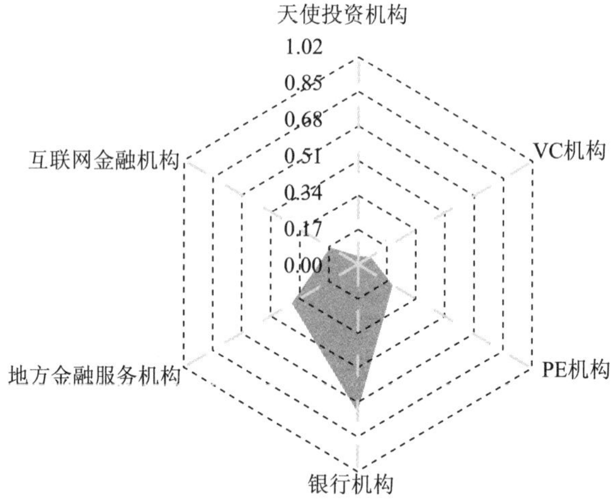

图 5. 7. 1 天津“双创”金融机构实力分项评估

- 天津金融机构实力主要体现在商业银行方面。2017 年天津商业银行支行数量有 2240 家，远超全国平均水平。此外，天津还有 1 家新型民营银行。
- 天使投资机构与 VC 机构是天津金融机构的两大短板。2017 年天津拥有 8 家天使投资机构，管理资金规模仅为 0. 46 亿元；拥有 VC 机构 111 家，管理资金规模仅为 43. 66 亿元。
- 天津地方金融服务机构的亮点在于融资租赁行业，目前处于全国第一段位，2017 年机构数达到 1580 家，仅次于深圳和上海。

在“双创”金融市场发展方面，如图 5. 7. 2 所示。

- 天津要素交易市场较为活跃。2017 年要素交易平台达到 30 家，技术市场交易规模达到 552. 64 亿元。
- 天津区域股权市场和新三板市场表现一般。2017 年天津区域股权市场挂牌的公司数量为 908 家，注册资本规模为 153. 68 亿元；新三板挂牌公司数为 202 家，注册资本规模只有 87. 27 亿元。。

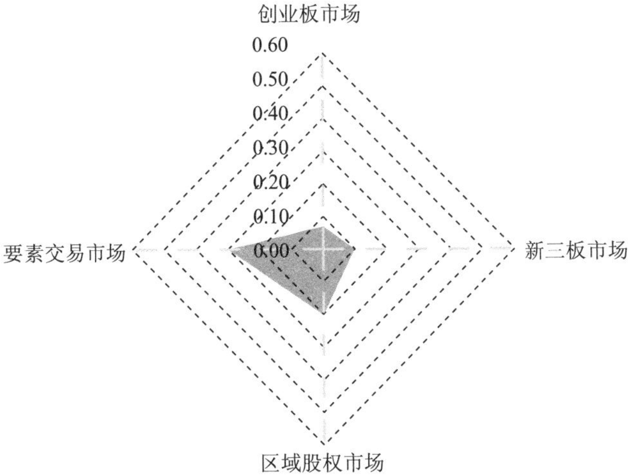

图 5.7.2 天津“双创”金融市场发展分项评估

● 创业板市场是天津金融市场发展的主要短板。2017 年仅新增 1 家上市公司，上市公司总数为 8 家，总市值为 393.22 亿元。

在“双创”金融服务水平方面，如图 5.7.3 所示。

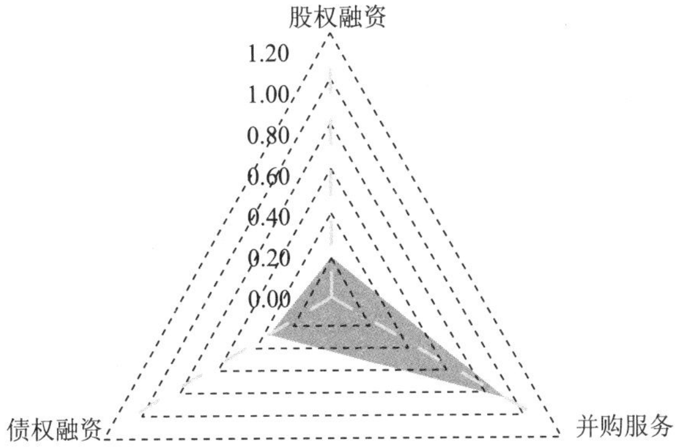

图 5.7.3 天津“双创”金融服务水平分项评估

● 天津并购交易市场延续活跃态势。2017 年共发生 79 次并购交易，并购规模达到 890.20 亿元，仅次于上海、深圳和北京。

● 2017 年天津银行小微企业贷款余额达到 6460 亿元，占贷款总额的 20.44%，在区域内处于领先水平。

● 股权融资是天津金融服务的弱项。2017 年天津股权投资案例数为 76 起，投融资规模为 305.61 亿元，境内股票市场融资规模为 147 亿元。

在“双创”金融生态环境方面，如图 5.7.4 所示。

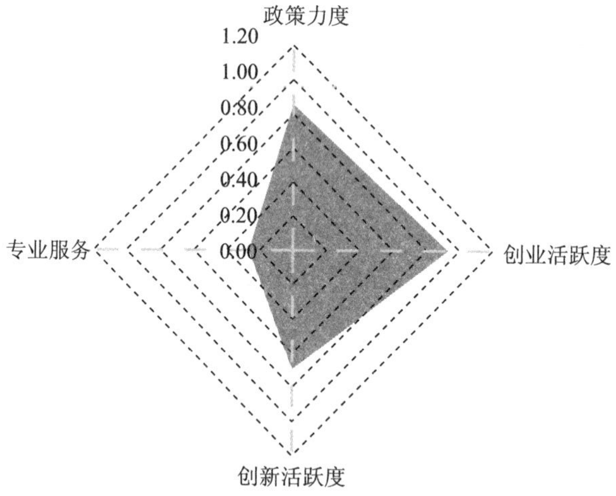

图 5.7.4　天津“双创”金融生态环境分项评估

● 2017 年地方财政科技支出达到 125.17 亿元，占公共财政支出的比重为 3.38%，远高于全国平均水平，显示政府支持力度加强。

● 天津创新创业活跃度相当高。2017 年新设市场主体数为 229700 家，新增商标注册数为 26938 件，而 2016 年分别为 143200 家与 22504 件，两项指标都增长不少。

● 专业服务不足是天津金融生态环境的最大短板。2017 年天津每万人注册会计师数只有 1.23 人，低于同区域其他“双创”城市；同期，每万人执业律师数为 3.83 人，仍有上升需求。

5.8 南京

南京市在本期双创金融指数排名第十，相比上期小幅下滑，但从2017年的发展现状来看，南京双创金融的发展仍有较强的后劲。

5.8.1 发展现状

从2017年的发展动向来看，南京双创金融的发展呈现新的特征：

一是聚焦科技金融系统建设。《关于加快科技金融体系建设促进科技创新创业的若干意见》的出台是南京市进一步深化推动金融服务创新创业的重大举措，是未来南京双创金融的发展的行动纲领，将为南京双创金融的发展打开新局面，也表明南京双创金融的发展已经将重心聚焦在科技创新创业上。

二是运用先进技术手段。通过建立科技创新创业企业信用信息征集评价机制对双创企业进行差异化的资源配置，表明南京已经开始探索通过大数据等创新技术手段，将金融资源真正根据双创企业的创新效率和信用进行配置，这预示着金融服务“双创”发展的未来方向，即创新运用大数据、区块链等技术手段进行企业效率和信用的评估与识别、或者创新金融工具，从而最大限度地提升金融对“双创”的服务效率。

5.8.2 发展特征

从2017年的发展动向来看，南京双创金融的发展呈现新的特征。首先，《关于加快科技金融体系建设促进科技创新创业的若干意见》的出台是南京市进一步深化推动金融服务创新创业的重大举措，是未来南京双创金融的发展的行动纲领，将为南京双创金融的发展打开新局面，也表明南京双创金融的发展已经将重心聚焦在科技创新创业上。

其次，通过建立科技创新创业企业信用信息征集评价机制对双创企业进行差异化的资源配置，表明南京已经开始探索通过大数据等创新技术手段，将金融资源真正根据双创企业的创新效率和信用进行配置，这预示着金融服务“双创”发展的未来方向，即创新运用大数据、区块链等技术手段进行企业效率和信用的评估与识别、或者创新金融工具，从而最大限度地提升金融对“双创”的服务效率。

5.8.3 指数评价

本期南京“双创”金融综合指数得分 36.64 分，排名全国第十。四个分类指数排名中，南京“双创”金融机构实力位居全国第五，大幅上升 5 个名次；“双创”金融市场发展位居全国第十，“双创”金融服务水平位居全国第六，均与上期持平；“双创”金融生态环境位居全国第十二，比上期下降两位。如表 5.8.1 所示。

表 5.8.1　南京“双创”金融指数排名及得分

指标		本期得分	同比上期	本期排名	同比上期
“双创”金融综合指数		36.64	▲13.55	10	▼2
分类指数构成	“双创”金融机构	7.04	▲2.10	5	▲5
	“双创”金融市场	3.35	▲1.08	10	—
	“双创”金融服务	8.88	▲1.93	6	—
	“双创”金融生态	17.38	▲8.44	12	▼2

在“双创”金融机构实力方面，如图 5.8.1 所示。

- 南京的主要优势体现在地方金融服务机构方面，截至 2018 年一季度，南京共有融资担保机构 121 家、融资租赁机构 32 家。

- 互联网金融机构方面，南京拥有 80 家网贷平台及 8 家第三方支付机构，在东部沿海区域金融中心中也具有一定优势。

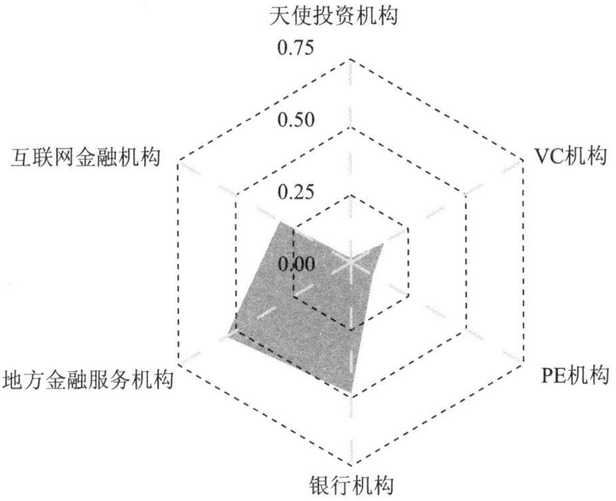

图 5.8.1 南京“双创”金融机构实力分项评估

- 南京的 PE 和 VC 机构，以及天使投资机构数量和管理资金规模远低于杭州。

在“双创”金融市场发展方面，如图 5.8.2 所示。

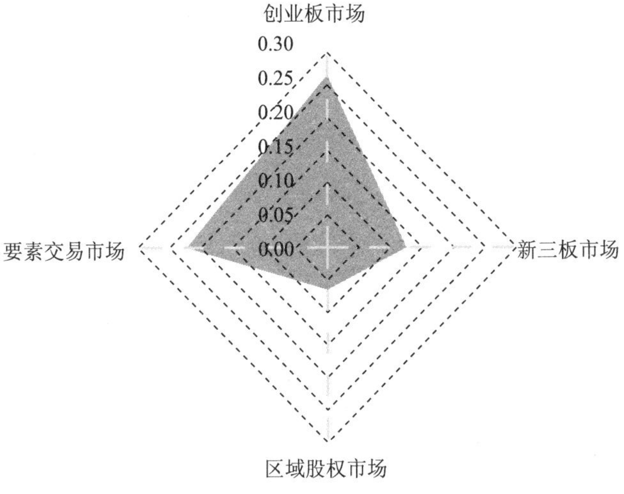

图 5.8.2 南京“双创”金融市场发展分项评估

● 2017 年，南京区域股权市场挂牌数量达到 244 家，注册资本规模 63.91 亿元，相比 2016 年增长较快，但在区域中仍处于中等地位。

● 南京在要素交易市场方面具备一定优势，体现在拥有 16 家要素交易平台，在东部沿海区域金融中心中处于较为有利的地位。

在“双创”金融服务水平方面，如图 5.8.3 所示。

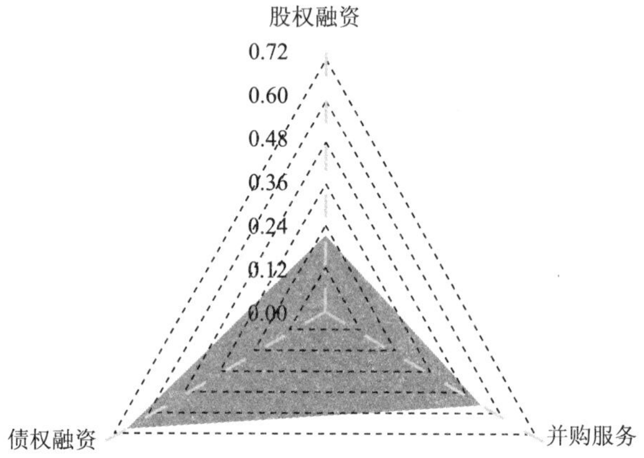

图 5.8.3　南京“双创”金融服务水平分项评估

● 南京在债权融资方面拥有比较优势，2016 年银行小微企业贷款余额 4500 亿元，占贷款余额总额的比重达到 17.96%。

● 2017 年南京中小企业私募债券融资规模达到 128 亿元，在东部沿海区域金融中心中处于领先地位。

● 南京在并购服务方面进步较快，2017 年并购融资规模达到 410.74 亿元，远超同区域的杭州。

在“双创”金融生态环境方面，如图 5.8.4 所示。

● 南京的政策力度较强，地方科技支出债公共财政的支出比重达到 4.51%，拥有国家级“双创”平台 79 家。

● 相比而言，南京的专业服务发展较好，每万人执业律师数达到 4.31 人、每万人注册会计师数为 2.21 人，资产评估机构达到 61 家，在同区域均为领先水平。

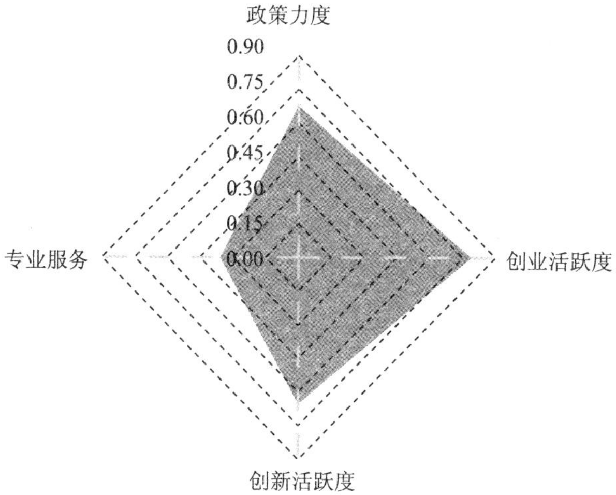

图 5.8.4 南京“双创”金融生态环境分项评估

5.9 武汉

武汉作为中部国家中心城市，历经3年的“双创”大发展，已经成为活跃的“双创”城市之一，拥有着全国第一的“双创”孵化基地总面积，并举办了多种多样的“双创”活动，如“双创周”“创响中国”等，带动了武汉多个区域乃至整个湖北省的“双创”活力。

5.9.1 发展现状

回顾过去几年，武汉双创工作不断稳定推进。2014年8月，武汉东湖开发区宣布打造“资本特区”，并出台了包括落户补贴等优惠政策，2015年8月，中国人民银行、国家发改委等多部委联合印发了《武汉城市圈科技金融改革创新专项方案》。2016年1月，武汉首个“双创”基地成立，将把代表创新的“众创空间”和代表创业的“创业孵化器”融合在一起，形成综合平台。2016年5月，武汉东湖新技术开发区入选国家首批17家区域双创示范基地，随即开启了双创示范基地建设的“六大工程”。2016年9月，《武汉市人民政府关于促进科技金融改革创新工作的实施意见》正式印发实施。

2017年，武汉为推动“双创”活动实施了一系列最新措施，包括新增国家双创示范基地4个，设立“海外留学回国人员创新创业板”，鼓励留汉大学生创新创业，吸引首批30家高新技术企业集体挂牌，吸引25家创新型企业落户武汉；举办大型“双创”活动“双创周”，活动巡回至武汉各区，并扩展至湖北全省等。1月，出台《武汉市金融业发展“十三五”规划》，强调大力支持发展科技金融以支持科技创新，以完善长江众筹金融交易所、众创空间等要素市场推动大众创业、万众创新。12月，成立光谷金融控股集团和500亿元规模的光谷产业发展基金，打造全国科技金融创新中心。

在政策推动下，武汉双创工作在2017年取得明显成效。在孵化方面，“双创”孵化器面积为全国第一，国家双创示范基地数量居全国同类城市首位。在创新方面，武汉市率先成立了科技成果转化局，实现206项重大科技成果就地转化，产值约为244亿元，2017年武汉市发明专利申请量20603件、授权量7444件，分别增长13%、15%；全社会研发经费（R&D）投入强度稳步提升，达到3.2%；成立武汉知识产权审判庭，获批国家知识产权强市创建市，为创新进一步保驾护航。在创业方面，2017年武汉市扶持创业3.3万人，百万大学生留汉创业就业工程也在进一步推动实施中。

5.9.2 发展特征

继武汉市体现自身“双创”金融创新发展的特征为“点、面结合”后，武汉市借助自身已有的“双创”资源、金融资源、教育资源优势进一步完善的“双创”金融基础服务，为其城市群发展打下良好基础。

一是强化“双创”硬件设施。在“资本特区”、首批双创“示范”基地、自主创新示范区、首批投贷联动试点地区等双创相关基地建立后，武汉市进一步加大对于示范基地，“双创”孵化器的投入，其数量及面积均为全国前列。种类繁多、面积充足的孵化器及“双创”基地为“双创”的开展提供了必要的支撑，为武汉“双创”发展提供了“硬件”支持。

二是发展“双创”软件环境。围绕促进科技创新的核心目的，联合武汉自身的教育资源优势，依托科技成果转化局的建立，大力发展科技创新，拓宽适合科技创新发展的融资渠道，加快推动科技保险发展，深化区域科技金融合作，提升武汉金融业对外辐射能力，推动投贷联动、科技民营银行、长江众筹金融交易所、武汉金融改革创新促进中心等已有创新成果取得进一步成效。

5.9.3 指数评价

本期武汉“双创”金融综合指数得分 32.49 分，排名全国第十一，同比无涨跌幅。四个分类指数排名却各有起伏，武汉“双创”金融机构实力位居全国第十一，“双创”金融市场发展位居全国第七，“双创”金融服务水平位居全国第十四，“双创”金融生态环境位居全国第十一，如表 5.9.1 所示。

表 5.9.1　武汉“双创”金融指数排名及得分

指标		本期得分	同比上期	本期排名	同比上期
“双创”金融综合指数		32.49	▲11.59	11	—
分类指数构成	“双创”金融机构	5.91	▲1.81	11	▲1
	“双创”金融市场	3.81	▼0.48	7	▼1
	“双创”金融服务	4.88	▲1.60	14	▲5
	“双创”金融生态	17.90	▲8.66	11	▼3

在“双创”金融机构实力方面，如图 5.9.1 所示。

● 武汉地方金融服务机构发展方面具有一定的比较优势，截至 2018 年 4 月，武汉共有融资担保机构数达到 140 家，融资租赁机构 7 家，位列中部区域金融中心城市之首。

● 武汉商业银行支行数量位于中部区域金融中心城市之首，截至 2018 年 2 月底，共有 1478 家。

● 截至 2018 年 2 月，武汉拥有 141 家网贷平台，5 家第三方支付机构，其互联网金融机构数量居中部区域金融中心城市之首。

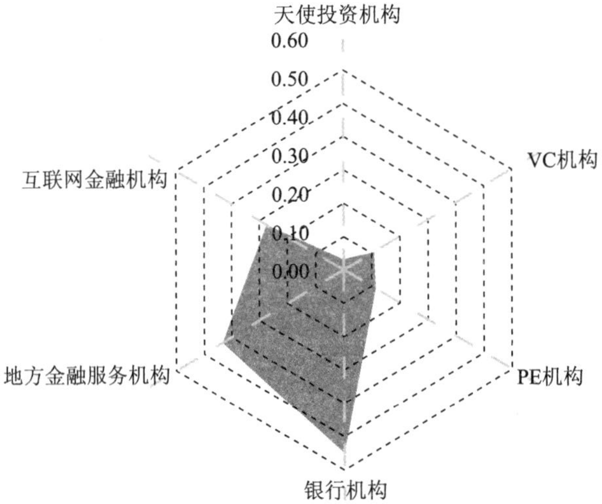

图 5.9.1　武汉“双创”金融机构实力分项评估

在“双创”金融市场发展方面，如图 5.9.2 所示。

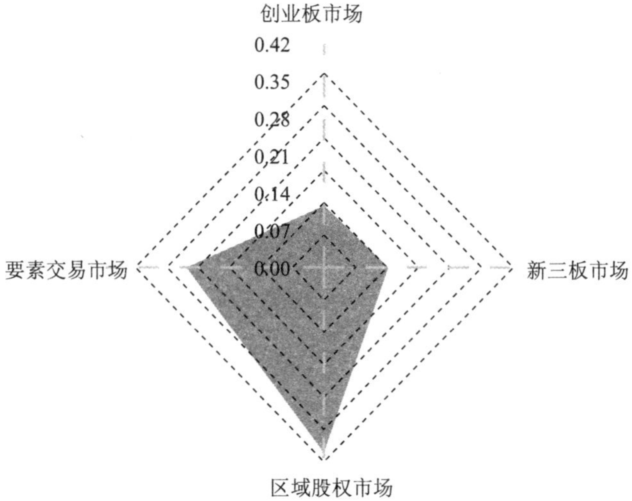

图 5.9.2 武汉“双创”金融市场发展分项评估

- 武汉在区域股权交易市场发展方面具备比较优势，截至 2017 年，武汉在区域股权市场上挂牌的公司数量达到 1648 家，注册资本达到 274.83 亿元。
- 截至 2017 年底，武汉共有 275 家新三板挂牌企业，年度新增 39 家。

在“双创”金融服务水平方面，如图 5.9.3 所示。

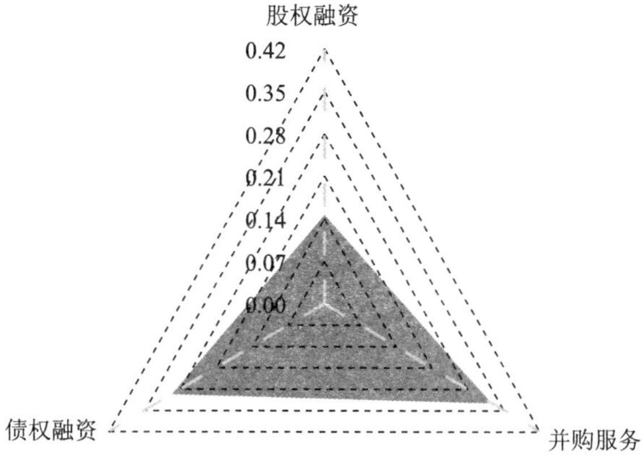

图 5.9.3 武汉“双创”金融服务水平分项评估

• 武汉债权融资优势仍存，2017 年银行小微企业贷款余额达到 3286 亿元，占贷款余额总额的 13.72%，中小企业私募债券融资规模达 35 亿元。

• 并购服务相较于去年进步较快，2017 年投资案例达 98 起，股权融资规模为 129.23 亿元，境内股票市场融资规模为 185 亿元。

在“双创”金融生态环境方面，如图 5.9.4 所示。

• 武汉在政策投入方面具有一定优势。最新数据显示，地方财政科技支出达到 686.42 亿元，地方科技支出占公共财政比重达到 5.67%，拥有 74 家国家级“双创”平台，同比均有增长，尤其是“双创”平台数量翻了一倍有余。

• 创业活跃度不再是武汉金融生态环境发展的短板，2017 年新注册企业数量达 181700 家，在区域中处于中游地位。

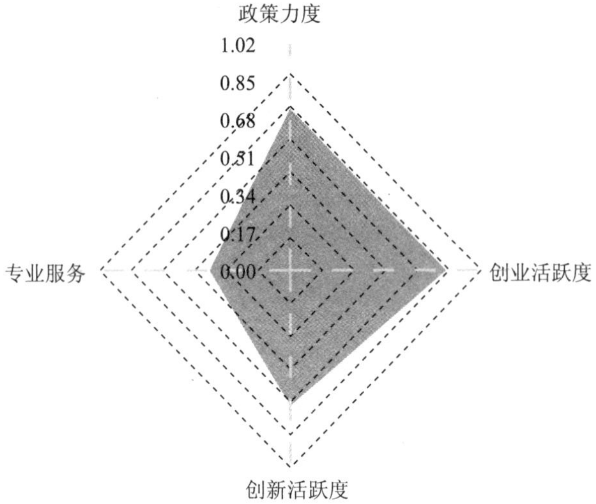

图 5.9.4　武汉“双创”金融生态环境分项评估

第六章　“双创”金融发展潜力城市

第三级“双创”金融城市，即“双创”金融发展潜力城市，筛选标准为得分在 20 分以下的城市，共有 20 个，分别为无锡、青岛、长沙、宁波、郑州、合肥、昆明、西安、福州、厦门、济南、大连、沈阳、温州、石家庄、南宁、哈尔滨、长春、南昌和乌鲁木齐。

6.1　分层概况

整体上来看，“双创”金融发展潜力城市较“双创”金融发展领先城市和优秀城市有较明显的得分差距，部分城市在“双创”金融发展的特定领域具备一定的优势和条件，未来具备较好发展潜力，如表 6.1.1 所示。

表 6.1.1　“双创”金融发展潜力城市各分项指数比较

城市	综合指数		“双创”金融机构		“双创”金融市场		“双创”金融服务		“双创”金融生态	
	得分	排名	分项得分	分项排名	分项得分	分项排名	分项得分	分项排名	分项得分	分项排名
西安	29.00	12	3.65	21	2.30	16	3.11	25	19.95	9
长沙	27.48	13	4.12	14	4.08	6	3.74	21	15.54	16
青岛	27.00	14	3.36	23	2.39	15	3.91	19	17.34	14
合肥	26.59	15	3.92	16	1.66	21	3.66	22	17.36	13
宁波	26.00	16	3.90	17	3.13	11	6.33	13	12.63	19
无锡	25.61	17	4.27	13	2.52	14	6.89	11	11.94	21

续表

城市	综合指数		“双创”金融机构		“双创”金融市场		“双创”金融服务		“双创”金融生态	
	得分	排名	分项得分	分项排名	分项得分	分项排名	分项得分	分项排名	分项得分	分项排名
郑州	24.80	18	3.25	24	2.00	18	3.45	23	16.10	15
济南	23.81	19	3.01	25	1.26	25	7.08	10	12.47	20
沈阳	21.06	20	3.51	22	1.51	22	3.01	26	13.04	18
厦门	20.79	21	2.68	27	3.63	8	3.81	20	10.66	22
昆明	20.66	22	3.85	19	0.71	31	2.48	28	13.63	17
大连	20.52	23	4.10	15	1.32	23	4.54	15	10.56	24
福州	18.34	24	3.88	18	1.78	20	4.05	16	8.63	27
温州	17.74	25	2.84	26	1.15	26	3.91	18	9.83	25
长春	17.56	26	3.66	20	0.98	28	2.34	29	10.58	23
石家庄	16.55	27	4.55	12	0.90	30	3.40	24	7.70	30
南宁	16.24	28	2.19	29	2.07	17	3.94	17	8.04	28
哈尔滨	14.99	29	2.53	28	0.98	29	1.70	31	9.79	26
南昌	13.43	30	1.82	31	1.29	24	2.48	27	7.84	29
乌鲁木齐	12.21	31	2.15	30	1.02	27	2.19	30	6.85	31

● 在“双创”金融机构分项方面，昆明该项表现相对较好。根据公开统计信息显示，昆明有27家VC机构、79家PE机构以及234家融资担保机构。

● 在“双创”金融市场分项方面，长沙、厦门表现优异，两者分项排名均进入全国前十，分别排名第6和第8，分别高出自身综合排名7个名次和13个名次。其中在区域股权市场挂牌企业数量方面，2017年长沙和厦门分别达到了1531家和1722家，远远超过同一层级其他城市。

● 在“双创”金融服务分项方面，济南和无锡本期表现相对突出。其中，济南在并购市场表现活跃，2017年发生的并购规模达到了826亿元，远超同层级其他城市，达到前十水准；无锡在银行支持小微企业发展方面十分重视，其小微企业贷款余额占社会贷款总额的比重在31个城市中排名第3，达到了29.48%。

● 在“双创”金融生态分项方面，西安本期表现相对突出，得益于其2017年在创业活跃度的突出表现，本期该分项进入全国前十，排名第9位。

6.2 西安

西安积极落实国家“大众创业、万众创新”部署，激发创新活力，打造创新之都。在本期“双创”金融指数中，排名全国第12位，较上期提升7位，“双创”金融发展取得明显成效。

6.2.1 发展现状

2017年，西安市积极推动“双创”工作。建成高新咖啡街区、经开创业大街、曲江创客大街等众创空间422家、面积1389万平方米，累计入孵企业11529家，吸引创业就业人数22.9万人。建成西部首个“国字号”人力资源服务产业园。中科院西安光机所、西安电子科技大学获批国家“双创”示范基地。持续增强的“西引力”，为大西安加速奔跑汇聚了“排浪式”的强大势能。全年新登记各类市场主体28.32万户，比上年增长99.7%；其中，新登记企业9.27万户，增长66.0%；新登记个体工商户18.92万户，增长1.2倍。

在金融支持“双创”方面，西安制定出台《关于全面推进小微企业创业创新基地城市示范支持政策》，将设立总规模20亿元的中小企业发展基金。同时鼓励担保机构为中小微企业提供融资担保，按新增担保额的 0.5%~1.5%给予风险补助；对融资性担保机构实际发生的代偿损失按 10%比例给予风险补偿。

6.2.2 发展特征

西安市“双创”金融创新发展，具有以下三个特征：

一是出台密集的促进政策鼓励“双创”金融发展。为促进“双创”发展，西安市出台一系列政策，包括《“创业西安”行动计划（2017—2021）》《西安市支持创业的十条措施》《西安市推进“5552”众创载体建设实施方案》等，其中多次提出金融服务支持“双创”发展的具体措施，为“双创”深入推进提供了坚实的金融保障。

二是深化政府和金融机构合作模式。西安深化政银合作模式，设立总额为 8000 万元的小微企业助贷资金池，进一步扩大“助保贷”等助贷业务规模，将现有工业“园区贷”政策拓展到小微企业创业创新基地范围内，解决小微企业信贷抵押难、担保贵的问题。扩大科技创业种子投资基金，将西安市科技创业种子投资基金规模扩大至 3 亿元，通过设立若干面向重点领域和特色产业的早期创业投资子基金，形成 10 亿元基金规模。

三是加大对创新型企业的信贷支持力度。创新金融产品、改善审批流程、放宽审批权限、提高不良贷款容忍度，为小微企业量身定制融资方式，对小微企业专营支行或经营中心在业绩考核、绩效考评和财政性资金统筹存放上给予政策倾斜。在对金融机构的考评指标体系中适当增加小微企业信贷支持的权重。

6.2.3 指数评价

西安在本期“双创”金融指数中综合得分为 29 分，排名全国第 12

位。四个分类指数排名中，“双创”金融机构位居全国第21位，“双创”金融市场排名为全国第16位，“双创”金融服务位居全国第25位，“双创”金融生态处于全国第9位，如表6.2.1所示。西安的“双创”金融生态是四项指标中发展的对好的。

表6.2.1 西安“双创”金融指数排名及得分

指标		得分	排名
“双创”金融综合指数		29.00	12
分类指数构成	“双创”金融机构	3.5	21
	“双创”金融市场	2.30	16
	“双创”金融服务	3.11	25
	“双创”金融生态	19.95	9

在“双创”金融机构实力方面，如图6.2.1所示。

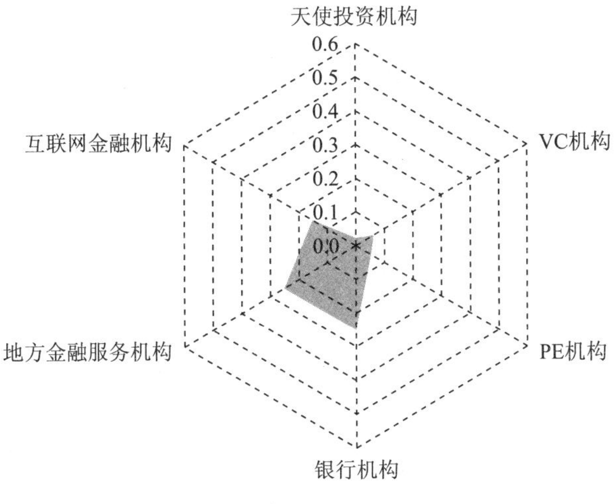

图6.2.1 西安“双创”金融机构实力分项评估

•2017年，西安共计5家天使投资机构，VC机构100家，管理资金30.3亿美元，PE机构62家管理资金规模为35.72亿美元。

•截至2018年4月，商业银行支行数量为1717家，没有新型民营银行。

在“双创”金融市场发展方面，如图 6.2.2 所示。

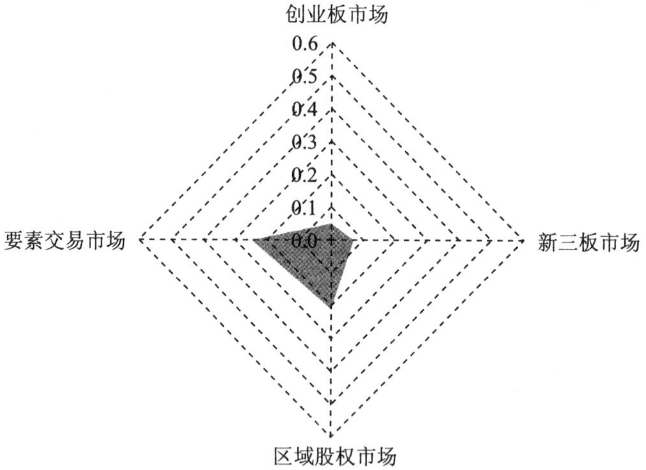

图 6.2.2　西安“双创”金融市场发展分项评估

• 2017 年西安新增 15 家新三板挂牌公司，共计 137 家，注册资本规模为 91.34 亿元。

• 2017 年西安共计 989 家公司在区域股权市场挂牌。

在“双创”金融服务水平方面，如图 6.2.3 所示。

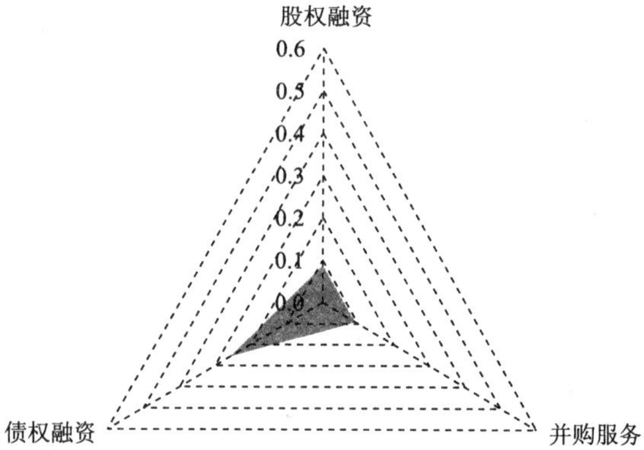

图 6.2.3　西安“双创”金融服务水平分项评估

• 西安 2017 年度股权投资案例为 52 件，融资规模为 89.78 亿元，年度境内股票市场融资规模为 100.95 亿元。

• 2017 年西安市共计有并购次数 21 次，规模为 42.54 亿元，较去年有较大幅度上升。

在“双创”金融生态环境方面，如图 6.2.4 所示。

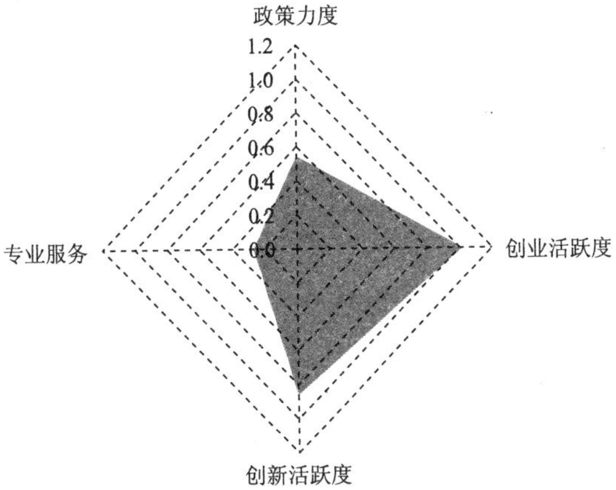

图 6.2.4 西安“双创”金融生态环境分项评估

• 2017 年新增企业 26.7 万家，新增商标注册件数为 2.71 万件。

• 截至 2018 年 4 月，资产评估机构为 53 家。

6.3 长沙

长沙在本期的“双创”金融指数中排第十三位，较上期上升一位，其的“双创”金融市场表现突出，排全国第 6 位，较去年上升 2 位。

6.3.1 发展现状

2014 年 2 月，长沙政府印发《长沙市引进紧缺急需和战略型人才计划》，10月出台《关于强化企业自主创新能力建设加速转型创新发展的意见》，意见迎合市场创业创新需求，并希望能够释放创新活力。2015年，长沙成为小微企业创业创新基地示范城市之一。并成立众创空间及中部首个知识产权交易中心。2016年1月，长沙启动了总额为5亿元的“双创基金”同期长沙市政府印发《长沙市小微企业创业创新基地城市示范专项资金管理办法》《长沙市小微企业信贷风险补偿基金管理细则》《长沙市小微企业创业创新天使投资基金管理细则》等15个小微企业创业创新基地城市示范配套政策和细则，为小微企业创业创新提供了强有力的政策支持，长沙市“双创”金融服务体系初步形成。

2017年，长沙市政府印发《长沙市建设创新创业人才高地的若干措施》《中共长沙市委长沙市人民政府关于建设国家科技创新中心的意见》《长沙市“十三五”金融发展规划暨湖南金融中心规划》，政策强调提供便捷的金融服务，充足的人才供给，为长沙市的“双创”活动再添助力。

6.3.2 发展特征

长沙的“双创”金融发展略有“偏科”，“双创”金融市场发展仍然一枝独秀，上升至全国第六位，而金融服务则是薄弱环节，因此长沙市针对自身薄弱环节，提出专门的科技金融融资服务渠道，力争解决融资困难，但是没有忽略“双创”人才队伍的建设。

首先着手解决融资难题，在《中共长沙市委长沙市人民政府关于建设国家科技创新中心的意见》及《长沙市“十三五”金融发展规划暨湖南金融中心规划》中，提出完善科技金融服务体系、鼓励科技金融产品创新及拓宽科技企业融资渠道，并辅以优化科技创新政策服务体系、培育全社会创新创业文化、推进知识产权强市建设及打造对外开放合作新高地四大强力辅助措施，从底层激发科技创新的活力，再发展良好的融资服务渠道来培育创新“胚芽”。

其次，重视“双创”人才队伍的建设，在《长沙市建设创新创业人才高地的若干措施》提出实施高精尖人才领跑工程、紧缺急需人才集聚工程、青年人才筑梦工程、“长沙工匠”铸造工程与国际化人才汇智工程5大工程，为长沙市的“双创”提供有力的后勤保障。

6.3.3 指数评价

长沙在本期“双创”金融指数中综合得分为27.48分，排名全国第13位。四个分类指数排名中，“双创”金融机构位居全国第14位，“双创”金融市场排名为全国第6位，“双创”金融服务位居全国第21位，“双创”金融生态处于全国第16位，除了“双创”金融生态排名有所下跌之外，其余分类指数排名均有上升，如表6.3.1所示。长沙的“双创”金融市场对比其余三项具有绝对的优势。

表6.3.1 长沙“双创”金融指数排名及得分

标指		本期排名	同比上期	本期排名	同比上期
“双创”金融综合指数		27.48	▲11.44	13	▲1
分类指数构成	“双创”金融机构	4.12	▲0.76	14	▲6
	“双创”金融市场	4.08	▲1.27	6	▲2
	“双创”金融服务	3.74	▲1.31	21	▲4
	“双创”金融生态	15.54	▲8.10	16	▼3

在“双创”金融机构实力方面，如图6.3.1所示。

- 2017年长沙市共计1292家商业银行支行，新型民营银行的资产规模增长到51.6亿。

- 截至2017年底，长沙市的VC机构数量为107家，管理资金规模为139.81亿美元。PE机构为193家，比起去年有较大的增长，管理资金规模为 36. 65 亿美元。

- 长沙的地方金融服务机构指标仅次于银行机构，截至 2017 年底，长沙拥有 70 家融资担保机构。

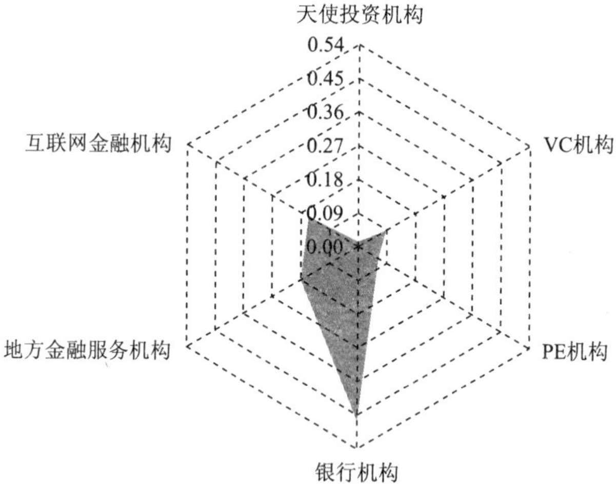

图 6. 3. 1　长沙“双创”金融机构实力分项评估

在“双创”金融市场发展方面，如图 6. 3. 2 所示。

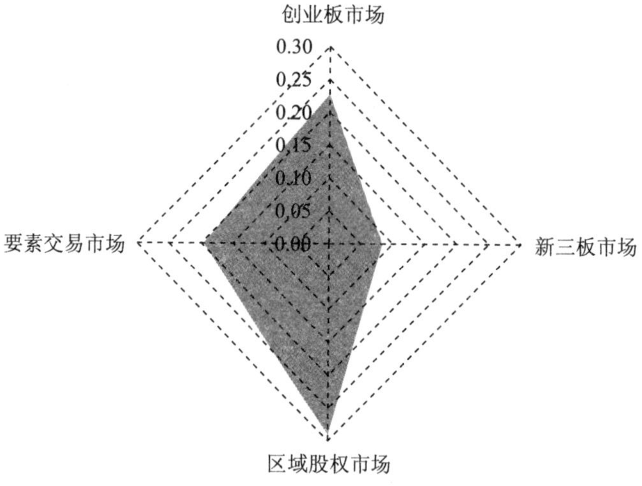

图 6. 3. 2　长沙“双创”金融市场发展分项评估

●2017 年，长沙市共计 1531 家区域股权市场挂牌公司，注册资本规模为 182.40 亿元。

●2017 年度长沙市在创业板上市的公司共 5 家，总市值为 1744.63 亿元。

●截至 2018 年 2 月，长沙市共有 28 家要素交易平台，要素交易市场也是长沙的强项之一。

在“双创”金融服务水平方面，如图 6.3.3 所示。

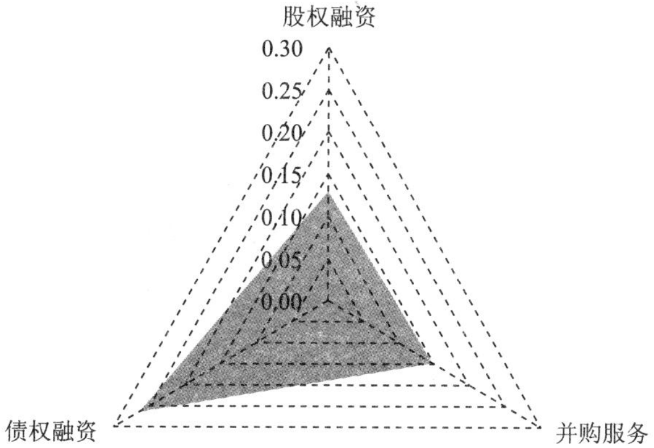

图 6.3.3 长沙“双创”金融服务水平分项评估

●长沙市的债权融资仍为优势金融服务，截至 2017 年底，长沙市的中小企业私募债券规模为 30 亿元。

●2016 年度，长沙市的股权投资案例数为 42 件，规模为 44.13 亿元，相较于去年，有较大的增长，年度境内股票市场融资规模为 51.78 亿元，同比有下降。

在“双创”金融生态环境方面，如图 6.3.4 所示。

●长沙市的创新活跃程度仍然较好，最新数据显示，长沙市的新增发明专利申请量为 5308 件，PCT 专利申请数量为 113 件。

●2017 年，长沙市的创业活跃程度超过了创新活跃度，当年新设市场主体数为 182000 家。

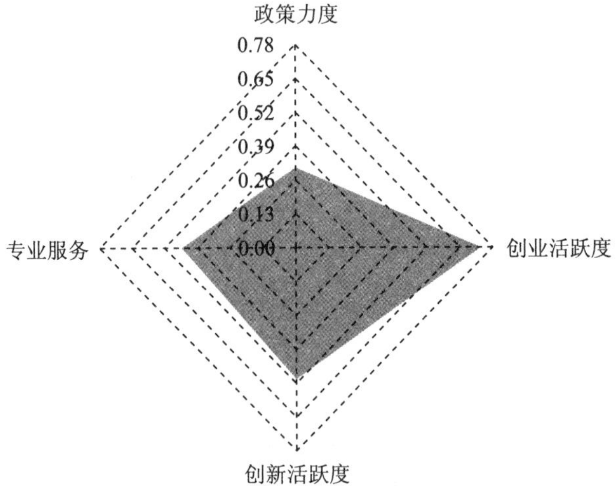

图 6.3.4　长沙“双创”金融生态环境分项评估

6.4　青岛

青岛和济南是山东省的双中心城市，但是青岛凭借更为均衡的金融业发展水平，在“双创”金融指数的排名要高于济南，特别是在金融生态环境方面的优势在持续加强。

6.4.1　发展现状

自 2015 年以来，青岛市政府通过出台各类意见办法，囊括推动创新转型升级发展、拓展经营发展空间、加大财税支持力度、支持中小企业融资以及提高公共服务水平五大领域。在 2018 年政府工作报告中，青岛提出“双创”工作几大核心举措：拓展市场化、专业化众创空间，支持企业、大学和研究机构等建设专业孵化器和“双创”平台，推广“人人创客”等“双创”新模式，打造大中小企业协同“双创”新格局；引进一批国内外高水平、专业化孵化机构；实施大众创业工程，构建覆盖城乡的创业孵化体系；开放共享创新资源，促进平台经济、众包经济、共享经济等新业态健康发展；积极推进商业模式创新，推动各领域管理创新、制度创新；加快各类创新平台建设，打造高水平科技创新载体和产业创新基地；发挥好驻青大学和研究机构以及行业协会、学会的作用；调动各级政府和广大企业积极性，继续大力引进域外大学、研究机构在青设立分支机构。

此外，青岛还将推进“双创”工作的重心放在红岛经济区。2017年6月，红岛经济区继海尔集团后，入选国家双创示范基地。红岛经济区主要围绕软件信息、医疗医药、智能制造与新材料、互联网、金融高端服务等主导优势产业，积极推进产业育成战略，借力33家孵化载体，推动一批创新创业项目迅速孵化并成长为产业。此外，《青岛高新区科学技术奖励办法》《青岛高新区贯彻落实创新驱动发展战略实施意见》《青岛高新区建设山东半岛自主创新示范区发展资金管理细则》《青岛高新区主导产业发展专项资金管理暂行办法》《青岛高新区支持创新创业创客发展暂行办法》等政策文件颁布施行，补充完善高新区双创扶持政策，引导各类主体协同创新，加快培育区域经济发展新动能。

6.4.2　发展特征

青岛在金融支持“双创”方面，具有以下几个发展特征：

一是实施路径多样化。自2015年以来，青岛创新创业百花齐放，呈现出丰富多彩的突破路径，形成青岛“双创”的8个典型样本，涵盖政府、高校、企业、科研机构、专利质押等诸多方面，具体为通过高新区管委探索发展“高新模式”、青岛市工业技术研究院成为高科技企业孵化源头、海尔集团内部改革颠覆传统企业科层结构、青岛昌盛东方实业集团首创“基于可控园区的创新孵化”模式、设立青岛市专利权质押保险贷款解决融资难问题、依托青岛特锐德电气股份有限公司建成中国最大的汽车充电网生态、以青岛酷特智能股份有限公司成就大规模个性化定制、以青岛科技大学为平台打造“学科创业”品牌。

二是以中小企业“双创”服务为抓手。自2010年以来，青岛市中小企业公共服务三级平台网络不断发展和壮大，中小企业公共服务中心作为国家首批中小企业公共服务示范平台、青岛市中小企业公共服务三级平台网络枢纽平台，围绕着创新创业活动，组织策划十大惠企品牌活动，分别为双创政策微解读、双创全周期投融资、双创技术加油站、双创成长训练营、双创新品发布秀、双创之星（市长杯大赛+四新项目路演服务）、双创金牌服务网上选、双创企业成长指数、双创政务微服务以及双创园区及时住。

6.4.3 指数评价

青岛在本期“双创”金融指数中综合得分为27.00分，排名全国第14位。在四个分类指数排名中，“双创”金融机构实力位居全国第23位，“双创”金融市场发展位居全国第15位，“双创”金融服务水平位居全国第19位，“双创”金融生态环境处于全国第15位，如表6.4.1所示。青岛“双创”金融综合指数较前期下降1位，主要由于“双创”金融机构实力下滑8位，而其他三项指标排名较为稳定。

表 6.4.1　青岛“双创”金融指数排名及得分

指标		本期得分	同比上期	本期排名	同比上期
“双创”金融综合指数		27.00	▲10.84	14	▼1
分类指数构成	“双创”金融机构	3.36	▼0.27	23	▼8
	“双创”金融市场	2.39	▲0.61	15	—
	“双创”金融服务	3.91	▲0.57	19	▼1
	“双创”金融生态	17.34	▲9.97	14	▲1

在“双创”金融机构实力方面，如图 6.4.1 所示。

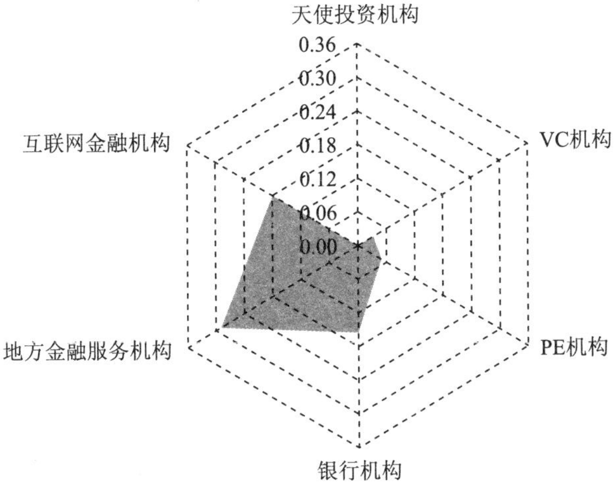

图 6.4.1　青岛“双创”金融机构实力分项评估

● “双创”金融机构是青岛排名最靠后的分项指标，其原因是 2017 年青岛没有天使投资机构，而 VC 机构与 PE 机构的数量较少，两者相加仅为 211 家，管理规模只有 28.42 亿美元。

● 青岛在地方金融机构表现相对不错。2017 年青岛融资担保机构、小额贷款机构、融资租赁机构的数量分别为 67 家、334 家和 113 家。

● 青岛互联网金融机构表现稍好，主要是 2017 年有 5 家第三方支付机构，在全国平均水平以上。

在“双创”金融市场发展方面，如图 6.4.2 所示。

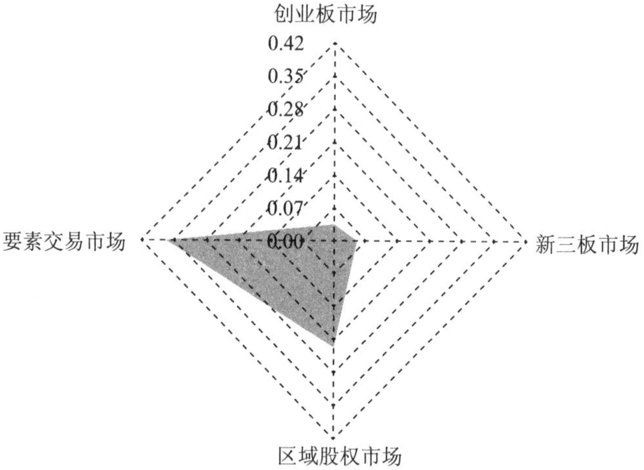

图 6.4.2　青岛“双创”金融市场发展分项评估

● 青岛要素交易市场表现相当突出。2017 年青岛要素交易平台共计 47 家，数量仅次于上海，位列全国第二位。

● 青岛区域股权交易表现良好。2017 年青岛区域股权市场挂牌公司的数量共计 992 家，是 2016 年 402 家的两倍有余。

● 2017 年青岛创业板新增上市公司为零，与 2016 年一致；新三板新增挂牌公司 12 家，不及 2016 年 41 家的 1/3，显示中型企业储备后劲不足。

在“双创”金融服务水平方面，如 6.4.3 所示。

● 青岛债权融资的绝对优势地位保持不变，但较 2016 年有所下滑。2017 年青岛银行对小微企业的贷款余额为 2654.1 亿元，小微企业贷款余额占贷款总额比重为 18.45%，低于 2016 年的 20.94%。

● 青岛股权投资和并购交易市场有所回温，但从全国范围看仍有很大进步空间。2017 年青岛共发生 37 起股权投资案例，投融资规模为 22.49 亿元；共发生 37 起并购事件，并购规模为 54.45 亿元。

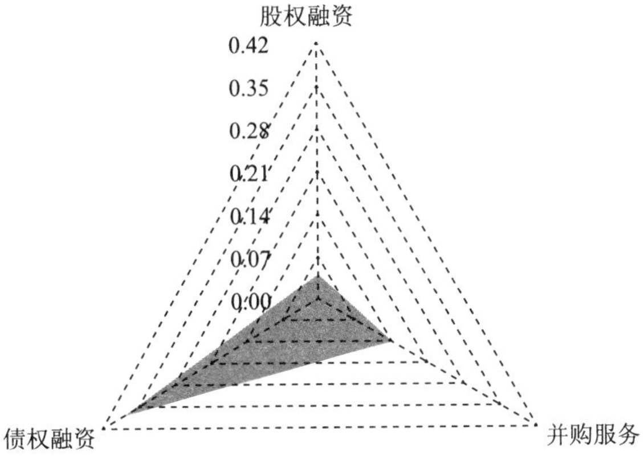

图 6.4.3 青岛“双创”金融服务水平分项评估

在“双创”金融生态环境方面，如图 6.4.4 所示。

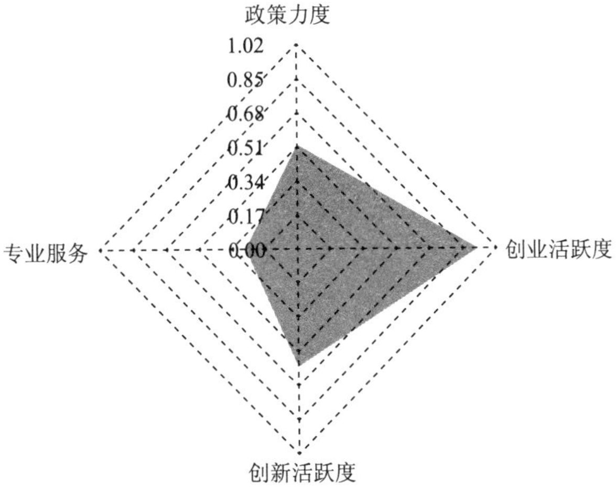

图 6.4.4 青岛“双创”金融生态环境分项评估

- 青岛专业服务能力有所下降。2017 年济南每万人注册会计师人数为 1.11，每万人执业律师人数为 4.59 人，均低于同省的济南。

- 青岛创新创业活跃度，尤其是创业活跃度大幅上涨，拉动“双创”金融生态指标整体得分，主要归功于新设市场主体数和新增商标注册件数的快速增加。

6.5 合肥

合肥在本期“双创”金融指数中排名全国第15位，其“双创”金融生态发展的较好。

6.5.1 发展现状

2015年10月，合肥发布《合肥市人民政府关于大力推进大众创业万众创新的若干政策意见》，2016年4月，相继出台《合肥市支持产业发展“1+3+5”政策体系》，9月，印发《合肥市大学生创业创新引导资金管理暂行办法的通知》，为在我市开展创业创新实践的大学生创办的经营实体提供免资产抵押融资支持，11月出台《合肥市“十三五”金融业发展规划》，进一步建设合肥市的金融业，为“双创”活动提供支持。

2017年，合肥市出台人才新政“20条”，获批国家海外人才离岸创新创业基地，7月小微企业所得税减半征收，截至年底，合肥市拥有3家国家“双创”示范基地。在各方推动下，合肥市2017年高新技术产业增加值突破1400亿元，战略性新兴产业对工业增长的贡献率达到50%。

6.5.2 发展特征

合肥市“双创”四项指标发展较为平均，是守成城市之一。近年来注重金融机构的发展，特别是2016年11月发布《合肥市“十三五”金融业发展规划》后，提出构建分层有序、品种齐全、功能互补的多层次金融市场体系，打造金融总部集聚区和区域财富管理中心，金融机构发展取得初步成效，“双创”金融机构排名上升8位。

此外合肥尤其注重“双创”人才队伍的建设，配套出台了《关于建设合肥综合性国家科学中心打造创新之都人才工作的意见》，并筹备建设海外人才离岸创新创业基地，提出实施国内外顶尖人才引领计划及双引双培”人才计划，努力打造人才创新创业新载体，如中德国际创新园、中德智慧产业园、侨梦苑等特色创新创业载体，特别是海外人才离岸创新创业基地将探索建立海归俱乐部（联谊会）等人才交流平台，调动海归科技人才参与创新创业热情。

6.5.3 指数评价

合肥在本期“双创”金融指数中综合得分为26.59分，排名全国第15位，较去年上升2位。四个分类指数排名中，“双创”金融机构位居全国第16位，“双创”金融市场排名为全国第21位，“双创”金融服务位居全国第22位，“双创”金融生态处于全国第13位，如表6.5.1所示。合肥的“双创”金融生态排名较其他三项高，为优势项。

表6.5.1 合肥“双创”金融指数排名及得分

指标		本期得分	同比上期	本期排名	同比上期
“双创”金融综合指数		26.59	▲11.65	15	▲2
分类指数构成	“双创”金融机构	3.92	▲1.02	16	▲8
	“双创”金融市场	1.66	▲0.39	21	▼1
	“双创”金融服务	3.66	▲0.29	22	▼5
	“双创”金融生态	17.36	▲9.96	13	▲1

在“双创”金融机构实力方面，如图6.5.1所示。

- 2017年，合肥市共计有71家网贷平台。

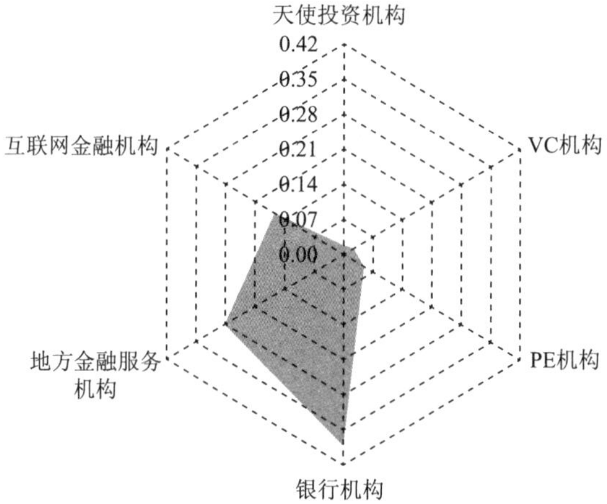

图 6.5.1　合肥“双创”金融机构实力分项评估

• 合肥市的地方金融机构开始展现出优势，2017 年，合肥市共有 41 家融资担保机构，21 家融资租赁机构。

• 截至 2017 年 3 月，合肥市共计 831 家商业银行支行，申请到了一家民营银行的牌照。

在“双创”金融市场发展方面，如图 6.5.2 所示。

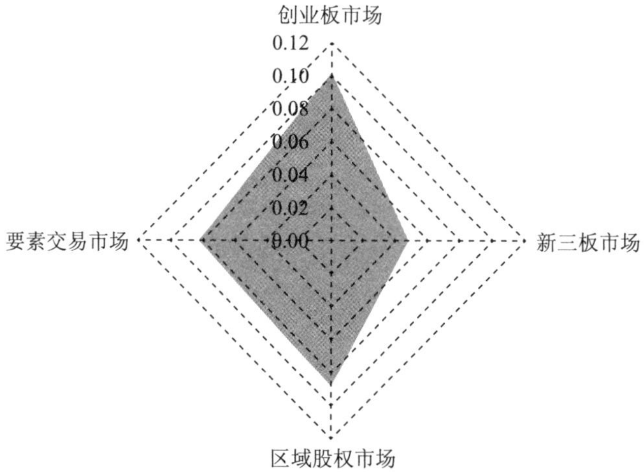

图 6.5.2　合肥“双创”金融市场发展分项评估

●2017 年，合肥市共计 102 家新三板挂牌公司，新增 11 家，挂牌公司注册资本规模为 53.24 亿元。

●合肥市的创业板市场环境在 2017 年得到了良好的发展，共有 9 家创业板上市企业，新增 2 家，总市值为 786.66 亿元。

在“双创”金融服务水平方面，如图 6.5.3 所示。

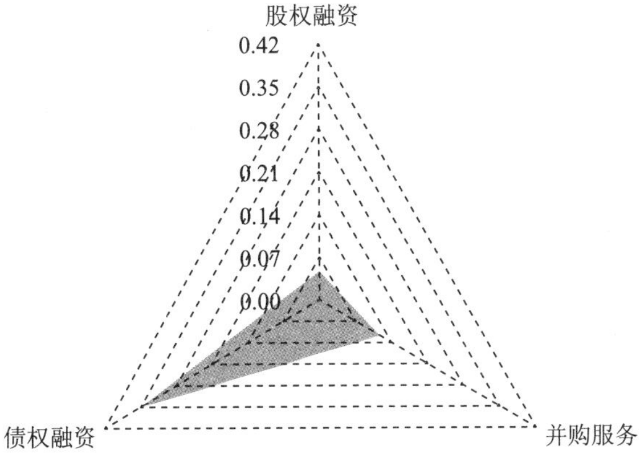

图 6.5.3 合肥“双创”金融服务水平分项评估

●2017 年，中小企业私募债券融资规模为 18 亿元，债券融资仍然是合肥市“双创”活动融资的主要来源。

●2017 年度合肥市共计发生 33 件并购，规模为 38.02 亿元。

在“双创”金融生态环境方面，如图 6.5.4 所示。

●2017 年，合肥市新增企业 162800 家。

●截至 2017 年底，合肥市拥有 29 家国家级“双创”平台。

●合肥的创新活跃度较创业活跃度稍有落后，根据最新数据显示，合肥市的研发投入占 GDP 比重为 3.09%，拥有 1186 家国家高新技术企业。

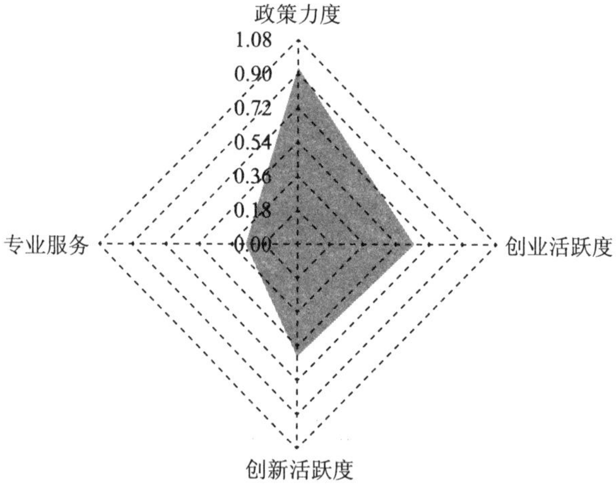

图 6.5.4　合肥“双创”金融生态环境分项评估

6.6　宁波

宁波在本期“双创”金融指数中排全国第 16 位，“双创”金融服务发展较为突出，“双创”金融生态稍显落后。

6.6.1　发展现状

2011 年，创业创新大潮兴起，宁波市设立首期总规模 10 亿元的宁波市创业投资引导基金，吸引国内外优质资本、项目、技术、人才汇聚宁波，成为宁波“双创”金融发展的起点和发展主线。

宁波创投引导基金运营 6 年来，始终围绕宁波产业转型升级、创新发展主题，重点支持新材料、新能源、生物技术、软件和信息服务、高端装备制造和现代生产性服务业等领域的创新型、初创型企业。累计设立 23 支子基金，募资总规模近 40 亿元（其中引导基金出资 8.57 亿元），每万元财政资金引导 3.49 万元社会资金。累计跟进投资 20 项，完成投资8960万元，引导机构同轮出资1.97亿元；23支子基金累计完成投资225项，总投资21.97亿元，投资各区县（市）企业100家，总投资金额14.08亿元。其中，扶持初创企业79家，投资金额9.01亿元。

宁波市创投引导基金还积极投身海外高层次人才引进“3315计划”。目前，市创投引导基金及其参股基金累计投资宁波市“3315计划”相关企业22家，投资金额3.34亿元，为宁波市引进“双创”人才提供重要支持。

6.6.2 发展特征

宁波市“双创”金融的发展最重要特征就是以宁波市创投引导基金对创新创业活动进行市场化引导和扶持，且已经取得较好的成绩。六年来，创投引导基金先后多次被中国有限合伙人联盟评为“政府引导基金管理团队二十强”；被投中集团、清科集团分别授予“中国最佳政府引导基金TOP10”“中国政府引导基金10强”，此外还获得“中国优秀创投基金成就奖”等荣誉称号。

6.6.3 指数评价

宁波在本期“双创”金融指数中综合得分为26.00分，排名全国第16位。四个分类指数排名中，“双创”金融机构位居全国第16位，较上期下降1位；“双创”金融市场排名为全国第17位，较上期提升2位；“双创”金融服务位居全国第13位，较上期下降3位；“双创”金融生态处于全国第19位，较上期上升5位，如表6.6.1所示。

表 6.6.1　宁波“双创”金融指数排名及得分

指标		本期得分	同比上期	本期排名	同比上期
“双创”金融综合指数		26.00	▲10.00	16	▼1
分类指数构成	“双创”金融机构	3.90	▲0.53	17	▲2
	“双创”金融市场	3.13	▲1.29	11	▲3
	“双创”金融服务	6.33	▲0.66	13	▼3
	“双创”金融生态	12.63	▲7.52	19	▲5

在“双创”金融机构实力方面，如图 6.6.1 所示。

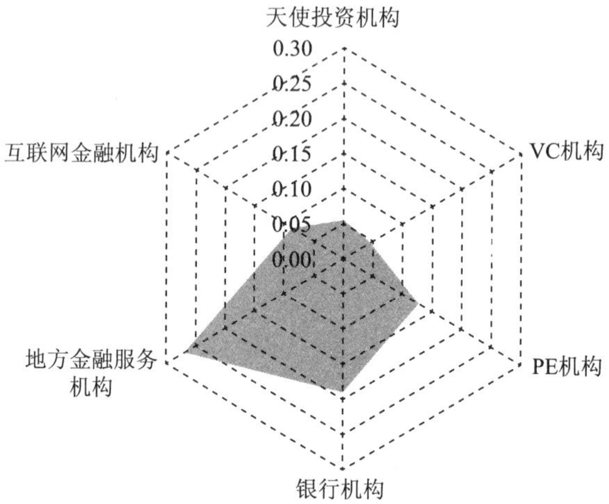

图 6.6.1　宁波“双创”金融机构实力分项评估

●宁波的地方金融服务机构发展相对突出，截至 2017 年底，宁波的融资租赁机构达到 103 家。

●截至 2018 年 2 月底，宁波市的商业银行支行数量为 1305 家；截至 2017 年底，宁波市共计 78 家 VC 机构，管理资金规模为 9.90 亿美元。PE 机构共计 391 家，管理资金规模为 65.43 亿元。

在“双创”金融市场发展方面，如图 6.6.2 所示。

●宁波区域股权市场的发展相对突出，截至 2017 年，宁波区域股权市场共有挂牌公司 1243 家，挂牌公司注册资本规模达到 158.97 亿元。

• 2017 年度宁波市新增创业板上市公司数量 5 家，共计 14 家，总市值为 749.15 亿元。

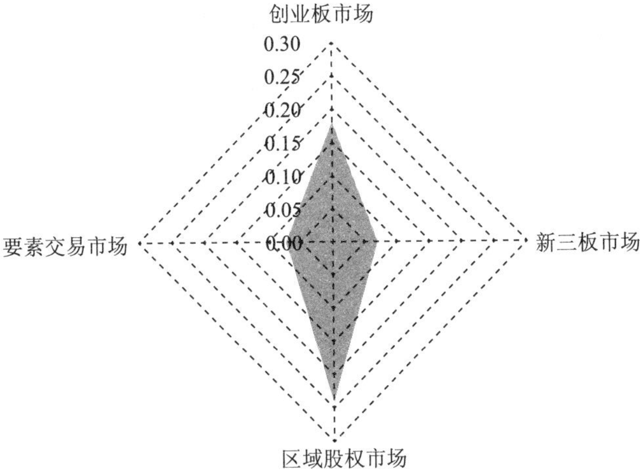

图 6.6.2 宁波“双创”金融市场发展分项评估

在“双创”金融服务水平方面，如图 6.6.3 所示。

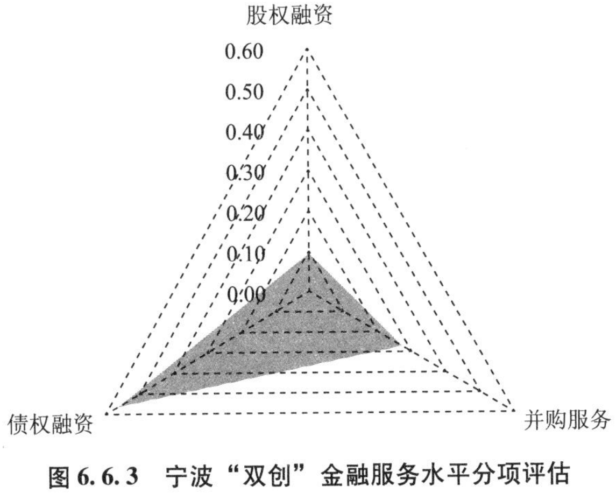

图 6.6.3 宁波“双创”金融服务水平分项评估

●宁波的债权融资服务发展相对较好，2017 年宁波市银行小微企业贷款余额达到 5041.4 亿元，占贷款总额的 28.38%。截至 2017 年第三季末，小额贷款公司贷款余额为 667.24 亿元。

●2017 年宁波市并购服务发展也较快，共发生 68 次并购案例，并购规模达到 113.60 亿元。

在“双创”金融生态环境方面，如图 6.6.4 所示。

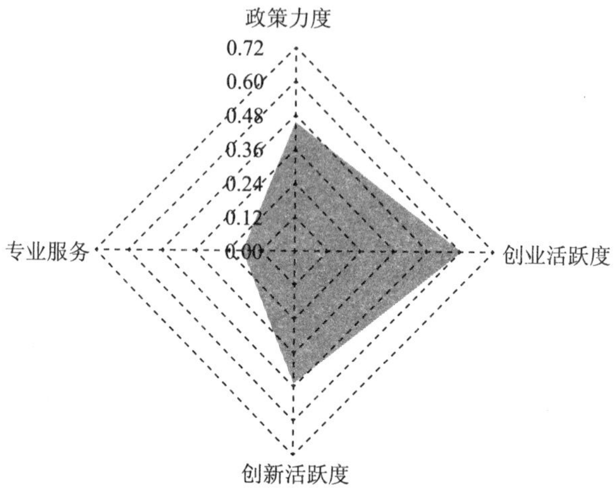

图 6.6.4　宁波“双创”金融生态环境分项评估

●宁波体现出相对良好的创业活跃度，当年新设的市场主体达到 149000 家，新增商标注册件数达到 27188 个。

●2017 年，宁波每万人拥有 2.89 位律师，截至 2018 年 3 月底，资产评估机构数量为 35 家。

6.7　无锡

无锡在本次在本期“双创”金融指数中排全国第 17 位，相比首次排名下滑 5 个名次，而从 2017 年的发展动向看，无锡双创金融的发展也相对滞后。

6.7.1 发展现状

从2011年无锡发布“无锡千人计划”初创式创业人才开始，无锡双创金融的发展走过了6个年头。2017年，无锡继续加强“双创”人才的吸引和服务工作。一方面，无锡深入实施“太湖人才计划”升级版，举办了无锡（太湖）高层次人才创新创业交流大会、高层次人才交流合作洽谈会暨“百企千才高校行”等一系列活动，引进科技创新创业领军人才（团队）企业70家。同时，无锡举办了首届无锡市科技创新创业大赛。

另一方面，2017年无锡双创金融生态发展较好，尤其是一系列的科技创新鼓励扶持政策的实施，较好激发了无锡创新活力。如落实创新驱动核心战略30条政策措施、中关村先行先试政策、探索建设区域性技术产权交易市场、扩大财政风险补偿资金对科技型中小企业的覆盖面和受益面、落实知识产权强市建设15条政策措施等等。这些政策促进无锡专利申请量和授权量稳定增长，万人有效发明专利拥有量达到34.5件。

6.7.2 发展特征

从2017年的发展动向来看，无锡双创金融的发展呈现以下特征：一是高度重视“双创”人才的吸引、服务，从2011年的“无锡千人计划”到2017年的“太湖人才计划”升级版等一系列双创人才政策，6年来，无锡双创金融的发展体现出较强的延续性和特点，即希望通过将以金融为主要内容的一系列资源和服务配置到关键性的人才身上，从而实现“双创”发展的突破；二是一年以来，一系列的科技创新鼓励扶持政策的发布表明无锡双创金融的发展更侧重于对于科技创新创业的支持上，这也是2017年多个城市的双创金融发展的一个重要动向。

6.7.3 指数评价

无锡在本期“双创”金融指数中综合得分为25.61，排名全国第17，相比上期排名下滑5位。四个分类指数排名中，“双创”金融机构位于全国十三位、“双创”金融市场位于全国十四位，分别相比上期上升4位和5位；“双创”金融服务居于全国第十一位，相比上期下降3位；“双创”金融生态的排名为全国第21位，与上期持平。如表6.7.1所示。无锡的“双创”金融服务相对于其他三个指标对综合排名的贡献尤为突出。

表6.7.1 无锡“双创”金融指数排名及得分

指标		本期得分	同比上期	本期排名	同比上期
“双创”金融综合指数		25.61	▲9.19	17	▼5
分类指数构成	“双创”金融机构	4.27	▲0.83	13	▲4
	“双创”金融市场	2.52	▲1.12	14	▲5
	“双创”金融服务	6.89	▲0.79	11	▼3
	“双创”金融生态	11.94	▲6.46	21	—

在“双创”金融机构实力方面，如图6.7.1所示。

- 截至2018年3月底，无锡商业银行支行的数量为1050家，与南京（1253家）和苏州（1492家）有一定差距，同时新型民营银行仍然没有突破。
- 2017年无锡拥有65家VC机构，管理资金规模为13.23亿美元。PE机构数量为95家，管理资金规模为13.15亿美元，其中PE机构相比2016年（36家）有明显增长。

在“双创”金融市场发展方面，如图6.7.2所示。

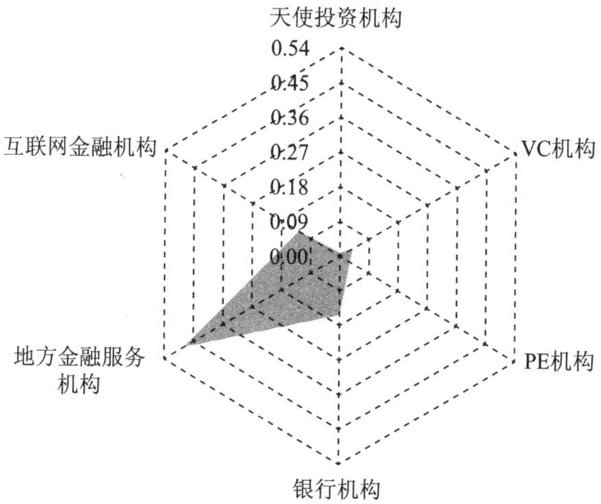

图 6.7.1 无锡“双创”金融机构实力分项评估

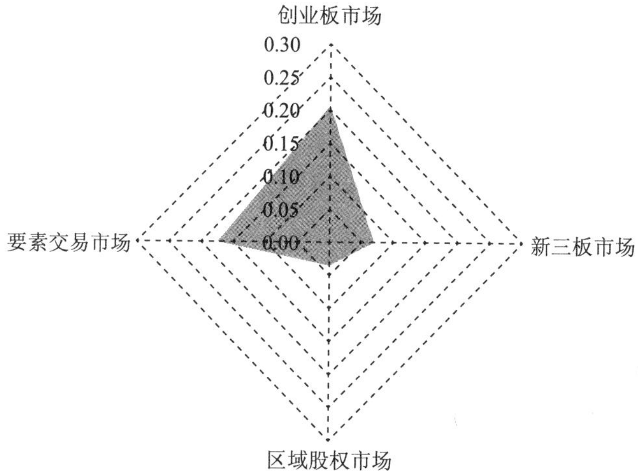

图 6.7.2 无锡“双创”金融市场发展分项评估

● 截至 2017 年底，无锡市拥有 14 家上市公司（创业板市场），在 2017 年上市了 7 家新企业，创业板上市公司总市值为 630 亿元。

● 2017 年无锡市增加了 19 家在新三板挂牌的城市，总数为 163 家，总注册资本为 57.41 亿元。

在“双创”金融服务发展方面，如图 6.7.3 所示。

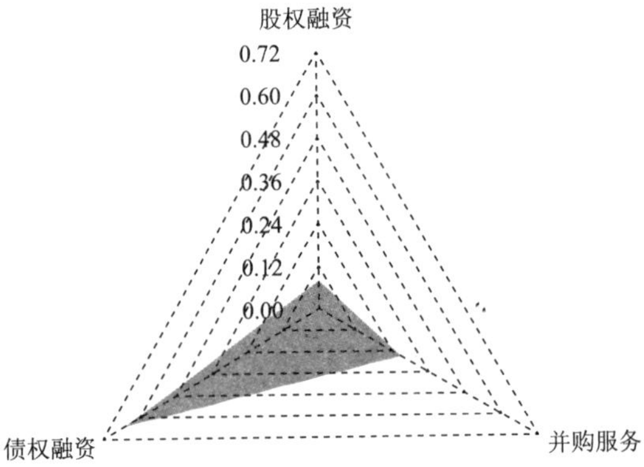

图 6.7.3　无锡“双创”金融服务水平分项评估

- 无锡债权融资情况表现较为突出，2017 年银行小微企业贷款余额达到 3311.06 亿元，占贷款总额的比重达到 39.48%，这一比重在 31 个城市中排名前五。
- 2017 年无锡市一共发生了 58 次并购事件，规模达到 138.08 亿元，相比 2016 年增长较快。

在“双创”金融生态环境方面，如图 6.7.4 所示。

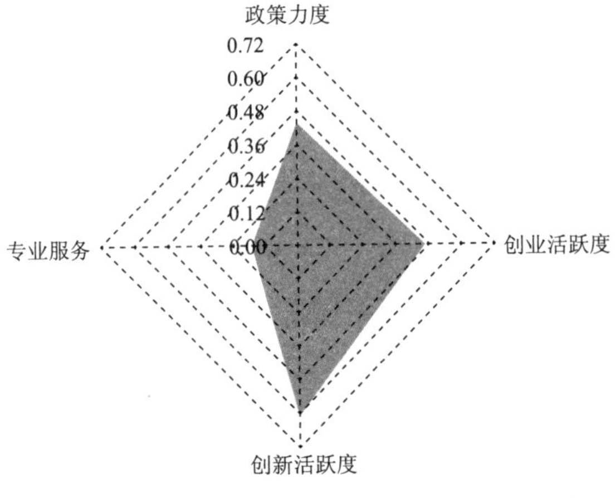

图 6.7.4　无锡“双创”金融生态环境分项评估

- 无锡市政府对“双创”的政策支持力度较强，2017年地方财政科技支出规模为37.24亿元，占公共财政支出的比重高达4.29%。
- 无锡的创新的活跃程度也不容小觑，截至2016年无锡的国家级高新技术企业达到1638家，新增发明专利申请32610件。

6.8　郑州

郑州在本期“双创”金融指数中排第18位，“双创”金融生态发展的较好。

6.8.1　发展现状

2016年郑州市政府主导设立了20个集多功能为一体的创新创业综合体项目，目前建设全面启动，开发了“两金一扶”政策体系，即产业投资基金、要素配套政策等扶持的体系，推出“智汇郑州·1125聚才计划”，引进创业创新人才，出台《郑州市专利促进和保护条例》《郑州市关于支持科技型企业发展的若干政策》等。

2017年，郑州睿谷创新创业综合体竣工，培育了国家级众创空间1个、省级众创空间2个，成功承办2017“郑创汇”国际创新创业大赛月赛。3月出台《郑州高新技术产业开发区管委会关于加快科技金融服务体系建设的实施意见》及《郑州是“十三五”金融发展规划》，4月公布《郑州市人民政府关于支持全国双创示范基地建设的实施意见》，从资金引导、金融支持等多方面，大力支持建设郑州航空港经济综合试验区全国双创示范基地，且每年安排2亿元的专项资金，用于支持全国双创示范基地建设发展。

6.8.2 发展特征

郑州市的“双创”金融生态发展仍保持相对优势，但分项排名有所下滑，其他三项发展较为均衡。郑州市根据自身弱点，针对性的公布了扶持科技金融服务体系建设的政策，包括相关金融机构、金融市场等方面。

首先是出台《郑州高新技术产业开发区管委会关于加快科技金融服务体系建设的实施意见》及《郑州是“十三五”金融发展规划》，提出大力推进银行业创新发展，为各类股权投资基金提供便利化服务以助“双创”金融服务的良好发展，大力推动郑州本市的券商、保险及互联网金融蓬勃发展，并探索建立科技金融投入新模式和运营新机制，建立多层次、多元化的科技投融资体系。设立金融业发展专项资金，以促进郑州金融业进行全方位发展，支持企业在资本市场融资，对 IPO 成功、挂牌成功的企业予以奖励。

其次，郑州市的“双创”发展注重基础设施建设，出台《郑州市人民政府关于支持全国双创示范基地建设的实施意见》，提出设立专项资金，支持包含郑州航空港经济综合实验区、郑州经济技术经开区等全国双创示范基地建设，支持双创示范基地利用多层次资本市场进行融资，并安排专项资金支持和鼓励双创基地内企业研究开发具有良好市场前景的核心关键技术，尤其是电子信息、生物医药等，还优化财税政策，落实“双创”综合体扶持政策等基础配套性措施，保证“双创”活动的顺利进行。

6.8.3 指数评价

郑州在本期“双创”金融指数中综合得分为 24.80 分，排名全国第 18 位，同比下降 2 位。四个分类指数排名中，“双创”金融机构位居全国第24位，“双创”金融市场排名为全国第18位，“双创”金融服务位居全国第23位，“双创”金融生态处于全国第15位，如表6.8.1所示。郑州市的“双创”金融生态环境较为良好。

表6.8.1　郑州“双创”金融指数排名及得分

指标		本期得分	同比上期	本期排名	同比上期
“双创”金融综合指数		24.80	▲9.51	18	▼2
分类指数构成	“双创”金融机构	3.25	▲0.32	24	▼1
	“双创”金融市场	2.00	▲0.53	18	—
	“双创”金融服务	3.45	▲1.16	23	▲4
	“双创”金融生态	16.10	▲7.49	15	▼4

在“双创”金融机构实力方面，如图6.8.1所示。

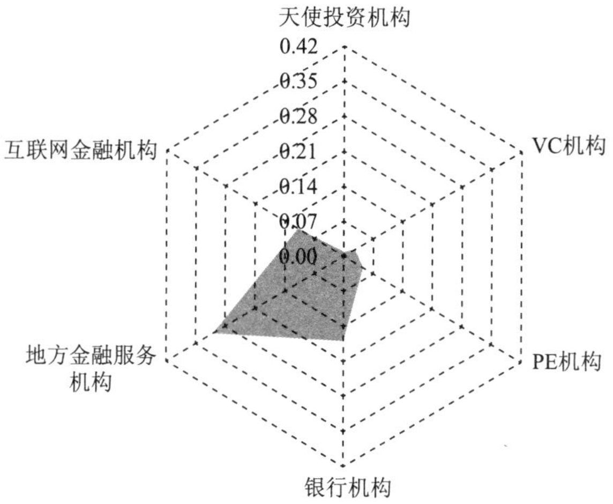

图6.8.1　郑州“双创”金融机构实力分项评估

• 截至2018年2月底，郑州市共计有1160家商业银行支行，数量同比略有下降。

• 2017年郑州的地方金融服务机构有着跨越式的增长，拥有102家融资担保机构及4家融资租赁机构。

●2016年郑州市的VC机构为43家，管理资产规模12.38亿美元。PE机构为140家，管理资金规模为23.99亿美元，管理资产规模都有所上升。

在“双创”金融市场发展方面，如图6.8.2所示。

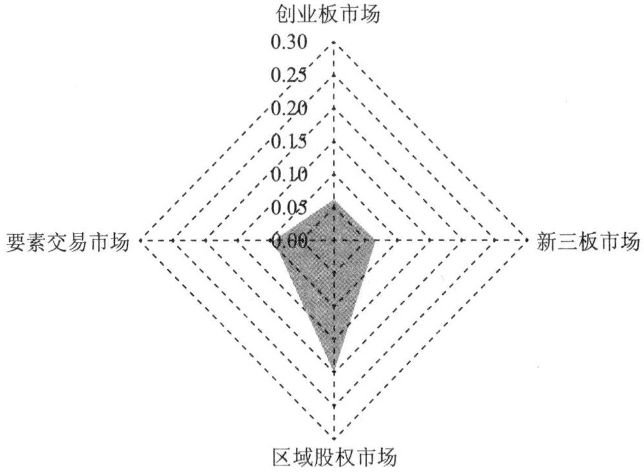

图6.8.2 郑州“双创”金融市场发展分项评估

●2017年郑州市共计909家区域股权挂牌公司，注册资本规模为170.37亿元。

●截至2017年底，郑州市共计147家新三板挂牌公司，新增16家，挂牌公司总注册资本规模为62.88亿元。

●郑州的要素交易市场也有了较为明显的发展，2017年郑州拥有13个要素交易平台。

在“双创”金融服务水平方面，如图6.8.3所示。

●截至2017年11月，郑州市的银行小微企业贷款余额为3381亿元，占贷款总额的18.79%。

●2017年度郑州市共计股权投资案例53件，规模为42.25亿元。年度境内股票市场融资规模为50.18亿元。

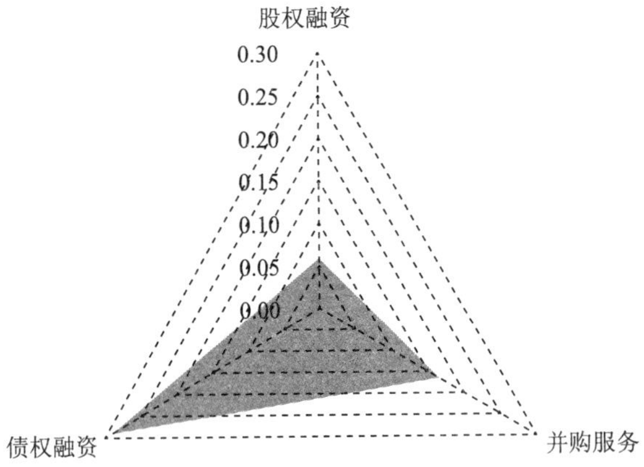

图 6.8.3 郑州“双创”金融服务水平分项评估

• 郑州市 2017 年共发生 37 起并购，年度并购金额 80.94 亿元。

在“双创”金融生态环境方面，如图 6.8.4 所示。

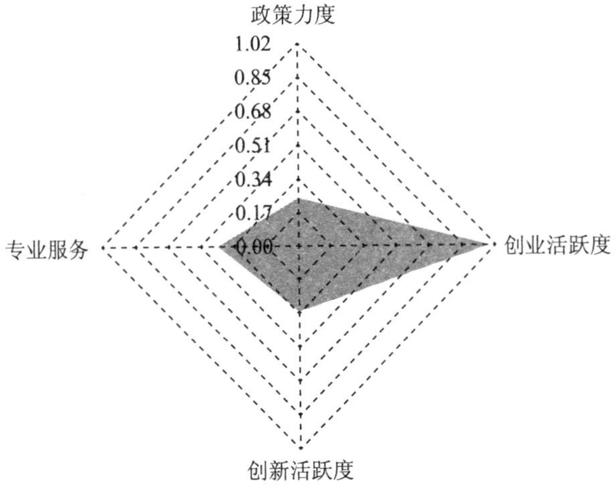

图 6.8.4 郑州“双创”金融生态环境分项评估

• 郑州市的创业程度极为活跃，2017 年新增 246100 家企业。

• 截至 2018 年 3 月郑州市每万人拥有 2.75 位注册会计师，截至 2017 年 4 月，每万人拥有 5.08 位律师，共有资产评估机构 81 家。

6.9 济南

山东省是经济大省，济南作为省会城市，在“双创”金融指数排位并不理想，在政府大力支持和政策环境好转的背景下，未来还有很大的提升空间。

6.9.1 发展现状

自2015年以来，济南市政府极为重视“双创”金融工作，将其视为实现新旧动能转换的关键环节，并在2017年取得不错成绩：2017年12月济南企业成功发行山东省首单“双创”债券；2017年济南新增众创空间、科技孵化器46家，总数达148家，同期济南为367家高新技术企业落实税收减免优惠13.36亿元，655家企业享受研发费用加计扣除政策落实额度28.12亿元；2018年1月浪潮集团有限公司的大数据应用众创空间成为济南首个国家级专业化众创空间。

一是深化政策支持。2017年12月，济南出台《关于打造“十最”政务环境助推济南新旧动能转换的实施意见》提出，落实好国家小微企业创业创新基地城市示范三年行动计划；用好小微企业贷款风险补偿、中小企业应急转贷、政策性融资担保等政策，缓解小微企业融资难；用好小微企业创新券、创业担保贷款、创业补贴、小微企业税收减免等政策，进一步降低小微企业创业创新成本；用好小微企业创业创新示范基地、科技孵化器、中小企业服务平台、众创空间等创业创新载体政策，拓展小微企业创业创新空间，形成小微企业创业创新良性发展格局。

二是拓宽创业融资渠道。2018年1月，济南出台《关于助推新旧动能转换进一步做好就业创业工作的实施意见》提出，鼓励金融机构和担保机构科学评估创业者还款能力，完善风险防控措施，降低反担保要求或取消反担保。支持金融机构发展普惠金融业务，提高金融服务覆盖率和可得性。放宽创业担保贷款借款人条件，增加农村自主创业农民工；提高贷款利率上限，对个人发放创业担保贷款，利率可按基准利率上浮2%。符合条件的创业人员，可申请最高不超过10万元的创业担保贷款，期限最长不超过3年，前2年全额贴息，第3年不贴息；符合条件的小微企业，可申请最高不超过300万元的创业担保贷款，期限最长不超过2年。在网络平台实名注册、稳定经营且信誉良好的网络创业人员，可享受创业担保贷款及贴息政策。

三是打造股权投资聚集区。根据山东对济南股权投资聚集区的定位，济南先后建设市中区山东新金融产业园等基金集聚区，聚集大批省、市政府引导基金参股基金和知名股权投资管理机构。截至2017年底，济南地区注册的、已在中国基金业协会登记私募投资基金管理机构142家，注册资本124.9亿元，管理基金220只，基金规模524.13亿元。近年来，为吸引股权投资基金落地并助力其发展，济南已向股权投资类企业发放补助资金1325万元。

6.9.2 发展特征

济南在金融支持“双创”方面，具有以下几个发展特征：

一是注重“双创”人才引进。2012年10月，济南印发《发挥省会优势打造科技人才创新创业高地若干政策措施》，强调从第一梯队开始培养“双创”人才。2016年6月，济南印发《关于实施“泉城双创”人才计划的意见》，提出“引进培育500名以上领军型创新创业人才、5000名以上重点产业重点领域紧缺人才、引领带动50000名优秀人才创新创业”的目标。2017年5月，济南再次升级人才政策，发布《关于深化人才发展体制机制改革促进人才创新创业的实施意见》（简称“人才新政30条”），以最大限度激发和释放人才创新创造创业活力。

二是配合新旧动能转换先行区建设。济南作为山东新旧动能转换“三核引领”的重要“一核”，拟在2018年发起设立新旧动能转换基金。基金采取政府引导基金、母基金、子基金三级联动投资架构：第一级由市、县区财政出资300亿元设立新旧动能转换政府引导基金；第二级通过引导基金注资，吸引金融机构、企业和其他社会资本投资，形成不少于1000亿元规模的母基金群；第三级由母基金投资参股若干子基金，撬动各类社会资本，经过3至4年时间，形成不少于2500亿元的基金总规模。

6.9.3 指数评价

济南在本期“双创”金融指数中综合得分为23.81分，排名全国第19位。在四个分类指数排名中，“双创”金融机构实力位居全国第25位，“双创”金融市场发展位居全国第25位，“双创”金融服务水平位居全国第18位，“双创”金融生态环境位居全国第20位，如表6.9.1所示。济南金融服务水平整体能力较高，而金融机构实力、金融市场发展程度和金融生态环境有待提升。

表6.9.1　济南“双创”金融指数排名及得分

指标		本期得分	同比上期	本期排名	同比上期
“双创”金融综合指数		23.81	▲10.54	19	▲3
分类指数构成	“双创”金融机构	3.01	▼0.36	25	▼7
	“双创”金融市场	1.26	▲0.28	25	▼2
	“双创”金融服务	7.08	▲3.58	10	▲6
	“双创”金融生态	12.47	▲7.05	20	▲2

在"双创"金融机构实力方面，如图6.9.1所示。

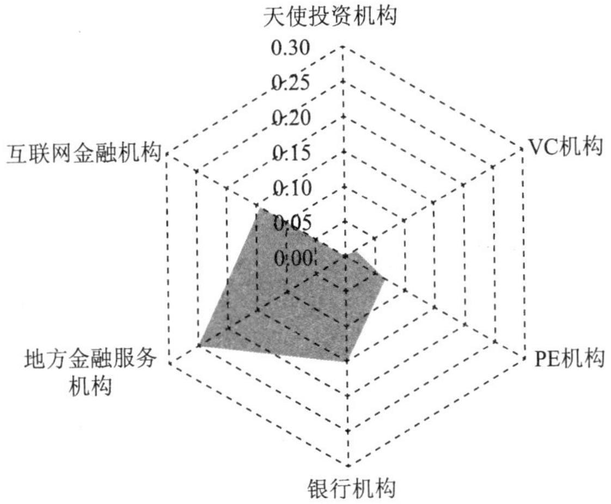

图6.9.1 济南"双创"金融机构实力分项评估

● 济南互联网金融机构具有一定的发展基础。2017年济南网贷平台和第三方支付机构数量分别为37家和4家，与同省的青岛水平相当。

● 济南没有天使投资机构，而VC机构与PE机构的实力也相对不足。2017年在济南注册的VC机构和PE机构数量分别为28家和60家，较2016年有所进步，但仍低于全国平均水平。

● 济南地方金融机构实力突出。2017年济南的小额贷款机构数量有334家，融资担保机构51家，融资租赁机构37家，但是依旧存在较大的上升空间。

在"双创"金融市场发展方面，如图6.9.2所示。

● 济南要素市场发展较为突出，但低于全国平均水平。2017年济南拥有要素交易平台9家，虽较2016年有所下降，但技术市场交易规模接近400亿元，增幅约3成。

● 济南创业板市场和新三板市场发展水平明显不足。2017年济南仅有2家创业板上市公司，市值只有65.72亿元；新增新三板挂牌公司数为10家，较2016年的58家大幅萎缩。

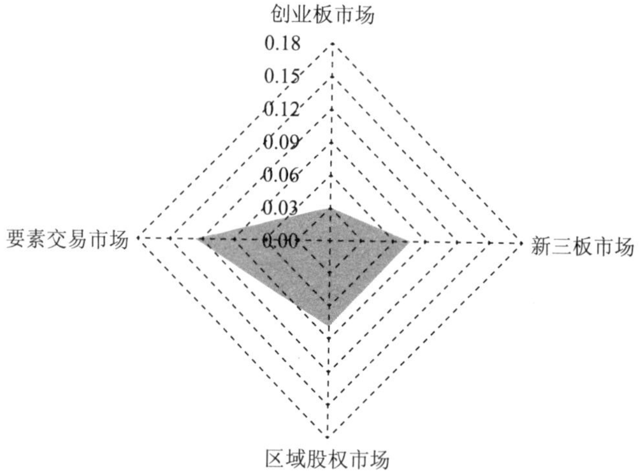

图6.9.2 济南“双创”金融市场发展分项评估

- 济南区域股权市场表现同样不佳。2017年济南区域股权市场挂牌公司312家，注册资本81.08亿元，都小于2016年的水平。

在“双创”金融服务水平方面，如图6.9.3所示。

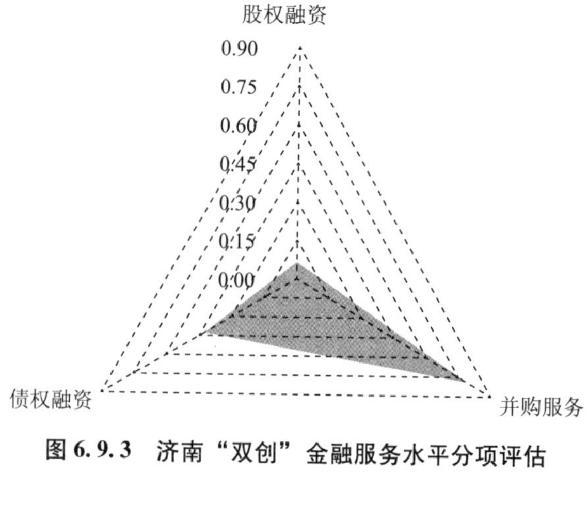

图6.9.3 济南“双创”金融服务水平分项评估

●济南并购交易规模大幅攀升，但是股权投资持续低迷。2017 年济南共发生 20 件并购案件，涉及并购金额为 825.87 亿元，支撑“双创”金融服务指标获得亮眼表现；同期，济南股权投资案例数虽有 43 起，但投融资规模只有 80.51 亿元，不到前者的 1 成。

●济南债权融资表现一般，但对小微企业的支持力度保持较高水准。特别是小微企业贷款余额占贷款余额比例达到 21.63%，超过全国平均水平。

在“双创”金融生态环境方面，如图 6.9.4 所示。

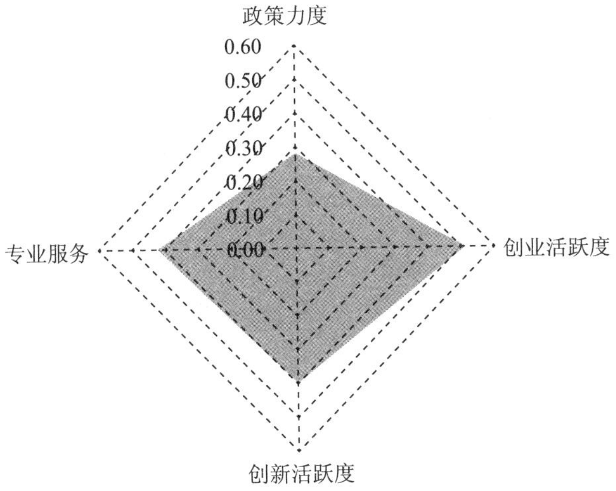

图 6.9.4 济南“双创”金融生态环境分项评估

●济南专业服务水平较高。2017 年济南每万人注册会计师为 2.54 人，略高于全国平均水平；每万人执业律师人数为 7.14 人，远超全国平均水平。

●济南创新活跃度和创业活跃度表现较为抢眼。2017 年济南新设市场主体 126600 家，新增商标注册 23017 件，新增发明专利申请 14103 件。

●济南“双创”政策力度不符合预期。2017 年济南“双创”平台数为43家，不足青岛97家的一半，而科技支出占公共财政支出规模的比例仅为1.60%，远低于全国平均水平。

6.10 沈阳

沈阳市“双创”金融指数综合排名中排全国第20名，其的“双创”金融生态较为活跃。

6.10.1 发展现状

2013年9月，沈阳出台《沈阳市全民创业援助行动三年计划实施方案》，2014年12月，出台《关于支持机器人产业发展和科技创新的实施意见》，2015年9月，印发《实施“盛京人才”战略打造具有国际竞争力人才高地的意见》，为沈阳振兴发展提供强大人才智力支撑。同期，还出台了《关于大力推进大众创业万众创新的实施意见》，推进我市大众创业万众创新，激发全社会创业创新发展活力。2016年2月，沈阳市成立创业就业发展基金，以支持沈阳的“双创”活动。

2017年，沈阳构建了“1+4”科技创新政策体系，大力推进“1123”工程，材料科学国家研究中心、国家机器人创新中心等重大创新平台在沈阳落户。全面复制中关村“6+4”政策，科技成果使用权、处置权、收益权改革不断深化，全市技术合同成交额增长16.4%，建成5个中小微企业创业（辅导）基地，提高小微企业征税额上限值50万元，还出台了24条人才新政，为“双创”活动夯实基础。6月出台《中共沈阳市委沈阳市人民政府关于贯彻落实创新驱动发展战略建设东北亚科技创新中心的实施意见》，以科技成果转化激励机制、搭建科技成果转化服务平台等多种措施推进科技创新。

6.10.2 发展特征

沈阳同属于守成城市中的一位，针对沈阳“双创”金融服务较为劣势的特点，推出小微企业享受精准帮扶政策，设立1亿元小微企业流动性债权基金，将应急转贷资金扩大到10亿元，同时小微双创资金投入提高至51%，缓解了小微企业融资难题。此外还提出扩大中小企业融资扶持资金和小微企业流动性债权基金规模，推行应收账款、股权、知识产权等质押融资，进一步发展“双创”金融服务。

另外，沈阳“双创”发展特征还有着金融机构及金融市场发展相对偏弱，金融生态发展较好的特点。沈阳出台《中共沈阳市委沈阳市人民政府关于贯彻落实创新驱动发展战略建设东北亚科技创新中心的实施意见》，用支持重大科技成果产业化、科技成果转化投融资体系等措施，提高企业自主创新的能力，并大力发展新型研发机构，提高了沈阳的创新活跃度。

6.10.3 指数评价

沈阳市“双创”金融指数综合排名及分项得分如表6.10.1所示。沈阳的“双创”金融的综合指得分为21.06分，排名全国第20名，在东北“双创”城市中排名超越了大连，居于首位。在分项的得分中，“双创”金融市场生态排名最高，位列全国第18位。

表 6.10.1　沈阳“双创”金融指数排名及得分

指标		本期得分	同比上期	本期排名	同比上期
“双创”金融综合指数		21.06	▲8.18	20	▲4
分类指数构成	“双创”金融机构	3.51	▲0.61	22	▲3
	“双创”金融市场	1.51	▼0.01	22	▼5
	“双创”金融服务	3.01	▲0.41	26	▼2
	“双创”金融生态	13.04	▲7.16	18	▲1

沈阳市“双创”金融机构实力情况如图 6.10.1 所示。

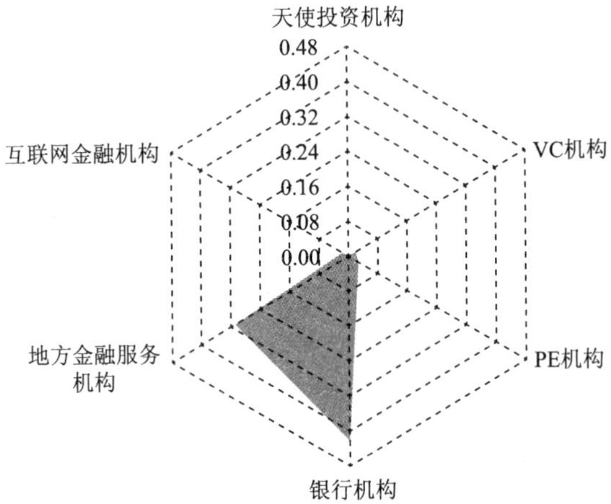

图 6.10.1　沈阳“双创”金融机构实力分项评估

● 创业投资类机构级互联网金融机构发展仍然滞后。天使投资机构，VC 机构的数量没有变化，PE 机构数量分别 71 家，管理基金总规模为 39 亿美元左右，其中 PE 机构管理资产规模为 37.79 亿美元，2017 年沈阳拥有 27 家网贷平台。

● 银行机构发展稳定，并申请到首家民营银行牌照，目前沈阳共有商业银行支行数量 1116 家。

● 沈阳的地方金融服务机构相对来说发展较好，拥有 28 家融资担保机构及 6 家融资租赁机构。

沈阳“双创”金融市场发育程度的具体情况如图 6. 10. 2 所示。

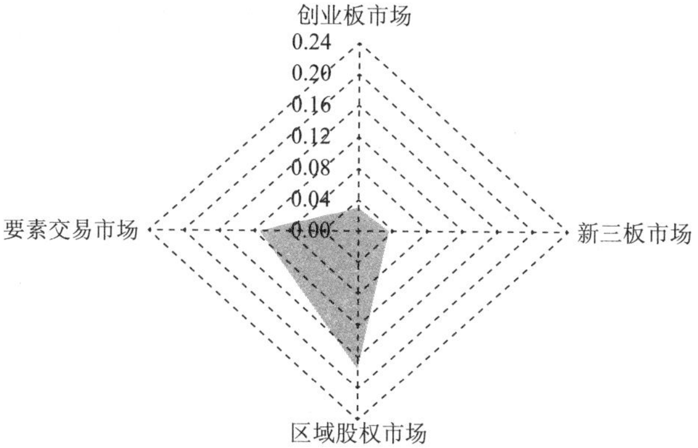

图 6. 10. 2 沈阳“双创”金融市场发展分项评估

● 沈阳市 2017 年的区域股权市场和要素交易市场发展较好。区域股权市场挂牌企业数量超过 750 家，仍居东北“双创”城市第一位，挂牌公司总市值为 164. 45 亿元，拥有 9 家要素交易平台。

● 创业板市场与新三板市场发展较为萎靡。在新三板挂牌的企业数量为仅为 64 家，注册资本规模 36. 38 亿元，2017 年沈阳没有新上市的创业板公司。

沈阳“双创”金融服务水平具体情况如图 6. 10. 3 所示。

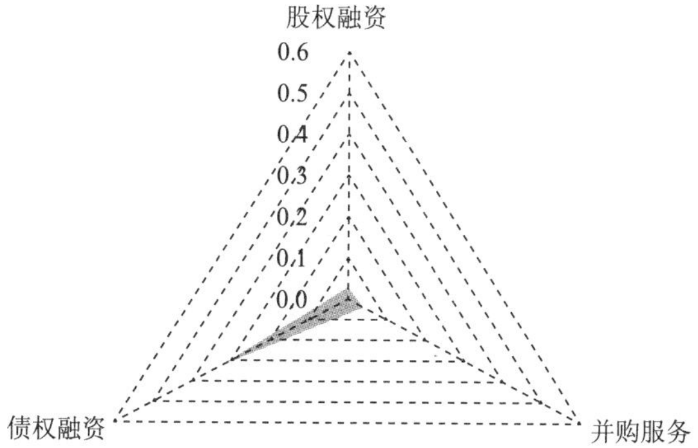

图 6. 10. 3 沈阳“双创”金融服务水平分项评估

● 多层次融资市场开始形成。2017 年度股权投资案例有 9 起，融资规模为 24.4 亿元，并购服务为 8 起，融资规模仅为 22.04 亿元，境内股票市场融资规模为 68.32 亿元。

沈阳“双创”金融生态环境具体情况如图 6.10.4 所示。

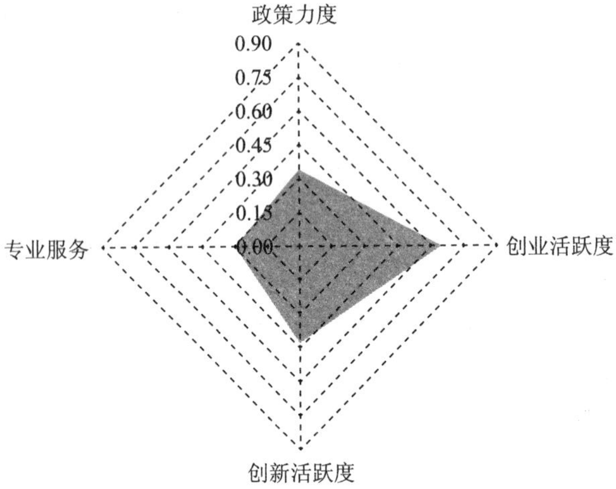

图 6.10.4　沈阳“双创”金融生态环境分项评估

● 政策力度已有改善。沈阳现有的“双创”平台数量增至 36 家。

● 创业活跃度相对尚可，2017 年沈阳新注册企业数位 168600 家。

● 在专业服务水平指标仍为沈阳的弱势，每万人注册会计师数为 1.53，每万人执业律师数位 3.93 人，同比有所下降，资产评估机构数为 62 家，较去年减少 1 家。

6.11　厦门

受到经济体量和人口规模限制，厦门“双创”金融指数的排名并不突出，作为计划单列市和经济特区，厦门仍需进一步加强金融对创新创业的支持力度。

6.11.1 发展现状

在全国推进大众创业、万众创新热潮中，厦门双创工作取得“初步成效”：成为首批国家小微企业创业创新基地城市示范工作城市之一，是计划单列市中惟一入选城市；厦门两岸青年创业创新创客基地、厦门一品威客创客空间被中央台办、国务院台办授予全国海峡两岸青年创业基地称号。2017年6月，厦门火炬高新区入选第二批“大众创业万众创新”示范基地。作为厦门科技创新和产业转型升级的主引擎，火炬高新区通过打造创新创业孵化生态系统，为企业提供人才、技术、市场、资金等涵盖企业发展全要素的服务。截至2017年7月，厦门火炬高新区已拥有国家级企业技术中心5家，省级企业技术中心15家，博士后科研工作站10家，综合性创新平台20多家，国家级、省级、市级众创空间90家，其中国家级8家。

在产融结合方面，厦门于2017年6月出台《厦门市国家产融合作试点城市实施方案（2016—2018年）》，提出将通过三年时间，基本建立产业信息与金融机构对接机制并有序运转，金融综合服务平台体系持续完善，形成政银企紧密合作、协同发展的机制，营造产业与金融良性互动的生态环境。通过构建大中小企业成长周期的多层次、多渠道的金融支持和保障体系，以及政府与金融机构风险共担体系，金融服务产业的能力进一步提高，产业与金融互动良好，“5+3+10”现代产业体系健康发展，企业核心竞争力有效提升，实体经济健康平稳发展。

6.11.2 发展特征

厦门在金融支持“双创”方面，具有以下几个发展特征：

一是政策联动效应明显。厦门积极打造“1+X”政策扶持体系，出台《关于全面推进大众创业万众创新创建小微企业创业创新基地示范城市的实施意见》，从9个方面35条具体措施支持创新创业，并推出《厦门市众创空间认定办法》《厦门市科创红包管理办法（暂行）》《厦门市产业转型升级专项资金管理暂行办法》《关于鼓励和支持台湾青年来厦创业就业实施意见》等一系列配套政策。同时，各区也出台相应的扶持政策，如《思明区促进互联网经济发展办法》《湖里区关于大力推进大众创业万众创新的实施办法》《集美区关于大力推进大众创业创新的实施办法》《厦门火炬高新区支持众创空间发展暂行办法》等配套政策，为包括金融支持在内的“双创”工作开展提供制度基础和保障。

二是小微企业特色突出。自“大众创业 万众创新”国家战略实施以来，厦门加速拓展创新创业空间，并以小微企业为工作重点，先后出台《厦门市小微企业创业创新基地城市示范实施方案》《关于印发厦门市中小企业发展专项资金使用管理办法的通知》以及《厦门市小微企业服务补贴券管理办法》。根据相关政策，厦门对国家级、省级、市级创业示范基地，一次性分别予以100万元、50万元、30万元的奖励；对示范基地进行更新改造、购置服务设备和设施的项目，按照投资额的30%给予单个项目最高200万元补助；对示范基地为小微企业提供相关服务，综合考虑服务企业数量、收费标准、客户总体满意度等因素，按照不超过年度实际运营成本的40%予以单个基地最高200万元奖励。

6.11.3 指数评价

厦门在本期“双创”金融指数中综合得分为20.79分，排名全国第21位。在四个分类指数排名中，“双创”金融机构实力位居全国第

27位，"双创"金融市场发展位居全国第8位，"双创"金融服务水平位居全国第20位，"双创"金融生态环境位居全国第22位，如表6.11.1所示。厦门的"双创"金融市场挤进全国8强，相对其他三项发展表现良好，成为厦门金融支持"双创"的最大亮点。

表6.11.1 厦门"双创"金融指数排名及得分

指标		本期得分	同比上期	本期排名	同比上期
"双创"金融综合指数		20.79	▲6.98	21	—
分类指数构成	"双创"金融机构	2.68	▲0.53	27	▲1
	"双创"金融市场	3.63	▲1.22	8	▲1
	"双创"金融服务	3.81	▲0.96	20	—
	"双创"金融生态	10.66	▲4.27	22	▼4

在"双创"金融机构实力方面，如图6.11.1所示。

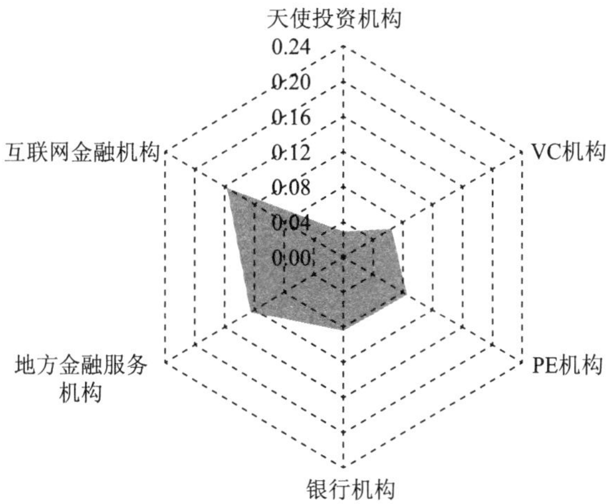

图6.11.1 厦门"双创"金融机构实力分项评估

- "双创"金融机构实力是厦门得分最弱项。2017年厦门天使投资、VC和PE机构分别为6家、110家和265家，管理资金规模分别为0.45亿美元、13.65亿美元和38.35亿美元，体量上位居全国后段班。

●2017 年厦门仅有 577 家商业银行支行，没有新型民营银行落户，是其金融机构体系的最薄弱环节。

●厦门互联网金融机构和地方金融机构得分相对突出，但从全国范围看表现平平。值得注意的是，2017 年厦门融资租赁机构数达到 225 家，在全国排名第 6 位，表明当地融资租赁市场较为活跃。

在“双创”金融市场发展方面，如图 6.11.2 所示。

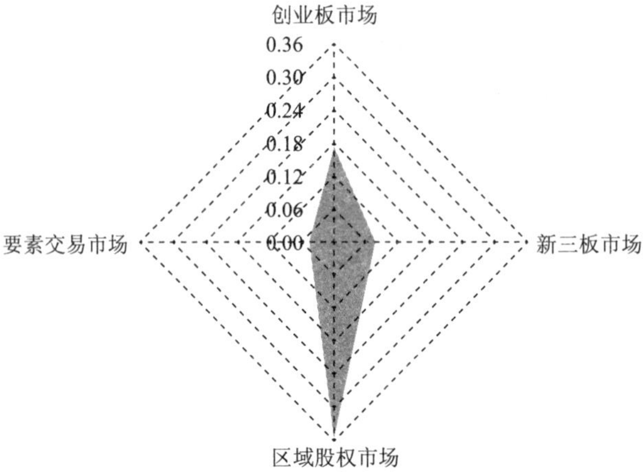

图 6.11.2 厦门“双创”金融市场发展分项评估

●厦门区域股权市场活跃度极为突出，带动“双创”金融市场发展整体表现。2017 年厦门拥有 1722 家区域股权市场挂牌公司，注册资本规模为 269.69 亿元，较 2016 年均有所增加，区域优势地位得到巩固。

●厦门要素交易市场、新三板市场和创业板市场表现一般。其中，2017 年厦门新增创业板上市公司 5 家，逆转 2016 年新增数为零的低潮。

在“双创”金融服务水平方面，如图 6.11.3 所示。

●厦门债券融资在各项投融资指标中的强势地位并未改变。2017 年厦门银行小微企业贷款余额为 2061.4 亿元，较 2016 年增长较快。

●厦门股权融资和并购服务有所好转。2017 年厦门共发生 79 件股权投资案例，投融资规模为51.78亿元；共发生并购交易42次，涉及并购融资规模为44.13亿元。从绝对值看，均较2016年增长不少。

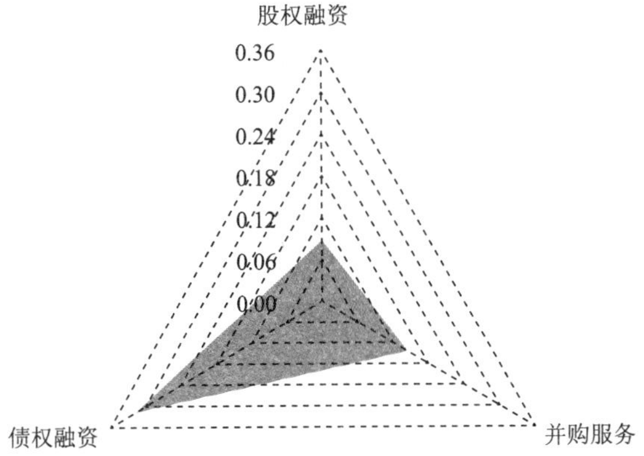

图6.11.3　厦门“双创”金融服务水平分项评估

在“双创”金融生态环境方面，如图6.11.4所示。

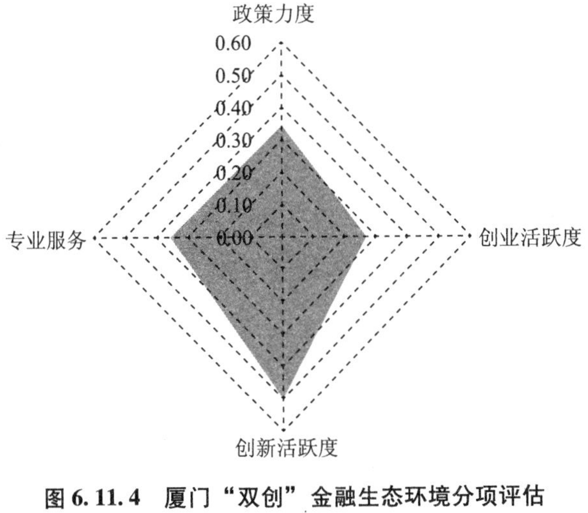

图6.11.4　厦门“双创”金融生态环境分项评估

• 得益于高校资源丰富，厦门专业服务维持较高水准。2017年厦门每万人注册会计师为2.53人，每万人执业律师为5.38人，处于全国中上水平。

• 厦门创新行为更为活跃，主要是因为新增发明专利申请量从2016年的4129件升至2017年的9335件，增长超过1倍。

6.12 昆明

近年来，昆明市加大众创空间建设力度，加快科技创新及成果转化步伐，积极引导金融机构助力创新企业发展，取得明显成效。昆明在本期“双创”金融指数中排名全国第22位。

6.12.1 发展现状

2017年，昆明全面推进“双创”工作，并取得积极成效。一是深入实施创新驱动发展战略，科技创新平台倍增计划和科技服务业发展倍增计划稳步推进，经开区入选国家“双创”示范基地。二是加快众创空间建设。开展两批众创空间认定工作，共认定市级众创空间51家。截至2017年9月，昆明市区域内有省级众创空间59家，国家级众创空间29家，众创空间入驻创业团队和企业达1765家，众创空间面积超22.3万平方米。三是建设科技企业孵化器。昆明市坚持“专业孵化+创业辅导+投资”的孵化模式，大力扶持高校、研发机构、企业、投资机构独立或合作建立社会公益性、非营利性或营利性孵化器。四是扶持小微企业发展。昆明市积极制定和落实“知识产权质押贷款”“财园助企贷”等政策，扶持创业者和“双创”企业。截至2016年底，昆明市小微企业数量达245357户，比上年增长19.82%，小微企业营业收入达到5806亿元，比上年增长33.59%，全市小微企业新增就业岗位14万个，小微企业拥有授权专利数量10798件。

在金融支持“双创”方面，昆明市政府与建行云南省分行共同建立了“昆明创客合作银行”，针对初创企业、成长型企业和成熟型企业分别提供相应金额的贷款额度，创新工作方法，重点在信贷产品及资金结算产品上支持和服务全市高新技术企业、“双创”企业，截至2016年底，通过建行大数据等信用类及抵质押方式共计支持高新技术和“双创”企业269户，实现信贷投放约35895万元。

6.12.2 发展特征

昆明市“双创”金融创新发展，具有以下两个特征：

一是加强政府与金融机构合作，推动地方“双创”发展。针对初创企业抵押品不足，难以获得银行信贷支持等问题，昆明市政府建立昆明创客合作银行，共同搭建企业贷款服务平台，解决创业、创新企业融资难题，助力双创企业发展。同时，协助成立“昆明市创业创新融资担保有限责任公司”，为中小微企业、民营企业、“三农”企业提供担保业务，解决融资难题以及政府扶持政策落实难的问题。

二是引导金融机构开发针对“双创”特征的金融产品服务。昆明市金融机构积极制定和落实“知识产权质押贷款”“财园助企贷”“小微企业应急贷款周转金”“贷免扶补”“两个十万”和“云岭大学生创业扶持计划”等政策等政策，扶持创业者和“双创”企业；针对初创型企业，可提供最高不超过100万元的贷款额度，可循环使用、无需抵押担保。

6.12.3 指数评价

昆明在本期“双创”金融指数中综合得分为20.66分，排名全国第22位。四个分类指数排名中，“双创”金融机构位居全国第19位，

“双创”金融市场排名为全国第 31 位，“双创”金融服务位居全国第 28 位，“双创”金融生态处于全国第 17 位，如表 6. 12. 1 所示。

表 6. 12. 1　昆明“双创”金融指数排名及得分

指标		得分	排名
“双创”金融综合指数		20. 66	22
分类指数构成	“双创”金融机构	3. 85	19
	“双创”金融市场	0. 71	31
	“双创”金融服务	2. 48	28
	“双创”金融生态	13. 63	17

在“双创”金融机构实力方面，如图 6. 12. 1 所示。

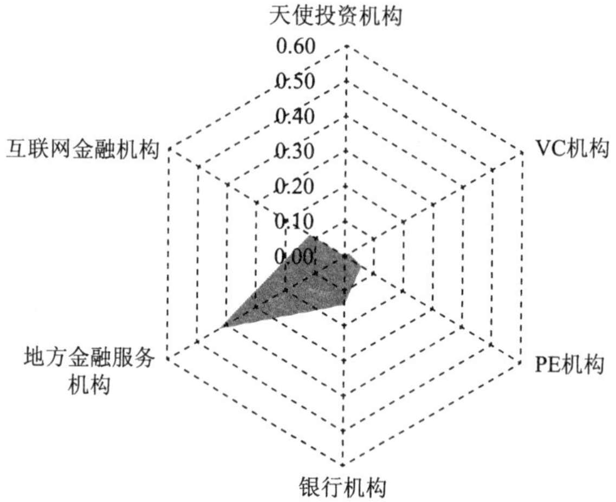

图 6. 12. 1　昆明“双创”金融机构实力分项评估

● 截至 2018 年 4 月底，昆明市共计 959 家商业银行支行，没有新型民营银行。

● 2017 年昆明市的 VC 机构为 25 家，PE 机构为 178 家。

在“双创”金融市场发展方面，如图 6. 12. 2 所示。

● 2017 年昆明市创业板上市企业 2 家，总市值为 358. 67 亿元。

• 截至2017底，昆明市共计67家新三板挂牌公司，新增14家。

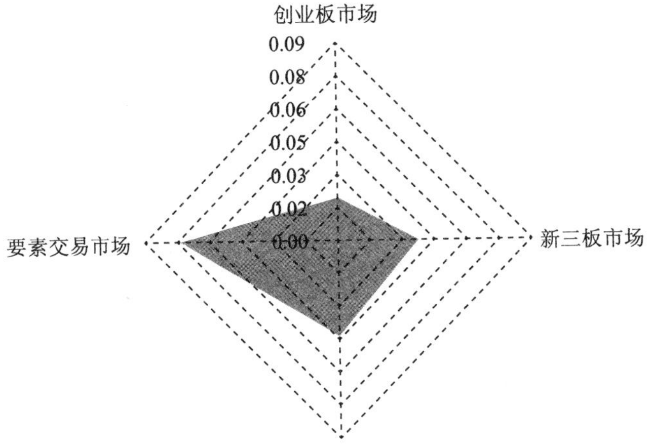

图6.12.2 昆明“双创”金融市场发展分项评估

在“双创”金融服务水平方面，如图6.12.3所示。

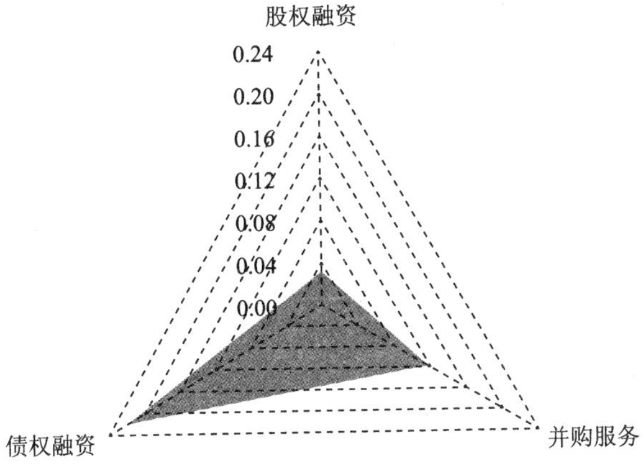

图6.12.3 昆明“双创”金融服务水平分项评估

• 2017年度昆明市共计股权投资案例10件，融资规模为5.77亿元，年度境内股票市场融资规模为116.85亿元。

• 昆明2017年度并购次数为18次，规模为80.62亿元。

在“双创”金融生态环境方面，如图 6.12.4 所示。

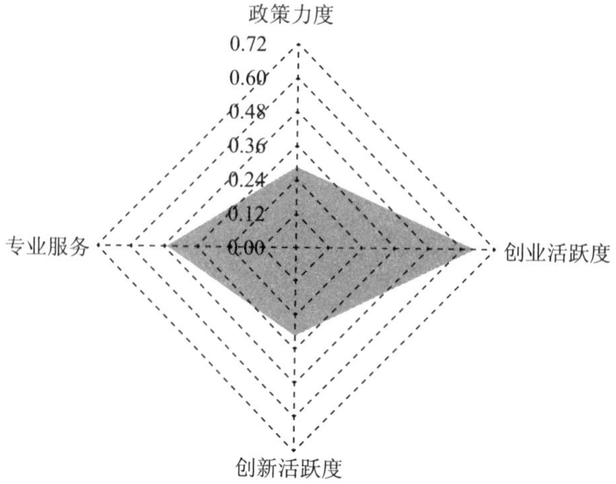

图 6.12.4　昆明“双创”金融生态环境分项评估

- 截至 2016 年 6 月底，昆明市每万人拥有 6.37 位律师。
- 截至 2017 年 3 月底，每万人拥有 3.05 位注册会计师。
- 2017 年昆明新增 14.9 万家企业，新增注册商标数为 4.2 万件。

6.13　大连

大连市在“双创”金融指数综合排名为第 23 名，其“双创”金融机构及金融服务发展的较为良好，双双位列全国第 15 位。

6.13.1　发展现状

2015 年，大连出台了“5+22”人才新政，即《大连市支持高层次人才创新创业若干规定》《大连市加强高技能人才队伍建设若干规定》《大连市加强创业孵化平台建设进一步促进创业型人才在连创业办法》《大连市解决引进人才住房办法》《大连市人才服务管理办法》，吸引创业创新人才。2016 年，大连市政府在最新出台的《大连十三五规划纲要全文及十三五规划解读》激发各类主体的创新创业活力。

2017 年 2 月，大连高新区管理委员会公布了《关于促进大连双创金融小镇发展的若干意见（试行）》，建立金融特色小镇，出台《大连市人民政府关于加快构建大众创业万众创新支撑平台的实施意见》《推动创业投资持续健康发展实施办法》《加快构建双创支撑平台的奖励和补贴办法》《深入开展系列主题活动奖励和补贴办法》，以及《关于支持返乡下乡人员创业创新的实施意见》《关于做好当前和今后一段时期就业创业工作的实施意见》等多项扶持政策，从金融服务等多个维度支持“双创”活动。同年新增 10 个产业技术创新联盟、61 个创新研发平台，同济大学创业谷、弘信创业工场等创新创业平台相继落户。

6. 13. 2 发展特征

大连市的“双创”活动正如火如荼，各类“双创”扶持政策相继出炉，其中“双创”金融服务的作用尤为突出，在排名中上升了 6 位，代表对中小微企业的金融帮扶确实有效，在其他项目排名下跌时保证了总体排名不变。大连市的“双创”金融发展特征主要有一下两点。

一是“双创”金融基础服务蓬勃发展。在《推动创业投资持续健康发展实施办法》文件中，沈阳提出要多元化培育各类创业投资主体、多渠道拓宽创业投资资金来源、多角度推动创业投资双向开放等七条办法，以保证“双创”金融服务的有效运行。

二是针对薄弱的“双创”金融生态，出台政策以提升创业活跃度，相关政策为《深入开展系列主题活动奖励和补贴办法》《关于支持返乡下乡人员创业创新的实施意见》《关于做好当前和今后一段时期就业创业工作的实施意见》，以保证“双创”支持平台的服务质量、强化返乡下乡人员创业培训及服务、落实创业扶持等措施来提升大连的创业活跃度。

6.13.3 指数评价

大连市“双创”金融指数综合排名及分项得分如表6.13.1所示：大连“双创”金融综合指数排名为第23名，排名无浮动但是被沈阳超越，优势项目为“双创”金融机构及“双创”金融服务，其中金融服务排名上升6位。

表6.13.1 大连“双创”金融指数排名及得分

指标		本期得分	同比上期	本期排名	同比上期
“双创”金融综合指数		20.52	▲7.27	23	—
分类指数构成	“双创”金融机构	4.10	▲0.36	15	▼1
	“双创”金融市场	1.32	▲0.09	23	▼2
	“双创”金融服务	4.54	▲1.76	15	▲6
	“双创”金融生态	10.56	▲5.06	24	▼4

大连“双创”金融机构实力分项评估结果如图6.13.1所示。

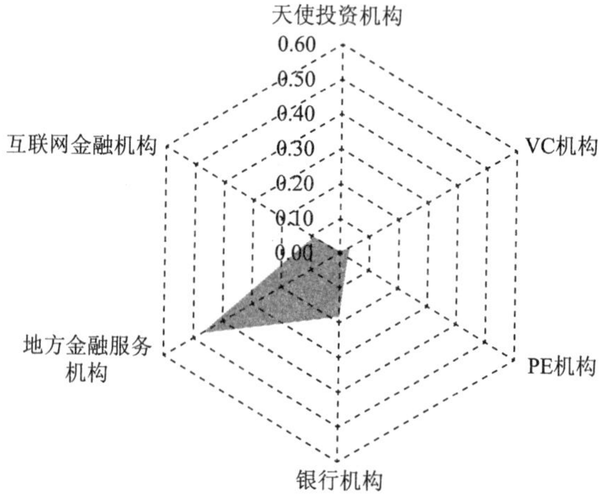

图6.13.1 大连“双创”金融机构实力分项评估

• 创业股权投资类机构实力水平较低。2017 年，大连新增 1 家天使投资机构，3 家 VC 机构，管理资金规模为 117.36 亿美元，PE 机构数量增加 50 家至 85 家，仅低于长春市的 103 家。

• 地方金融服务机构实力仍为东北地区最强。大连融资担保机构数量为 116 家，融资租赁机构为 84 家，仍然明显优于其余 3 个东北区域“双创”金融中心城市。

大连“双创”金融市场发展水平具体情况如图 6.13.2 所示。

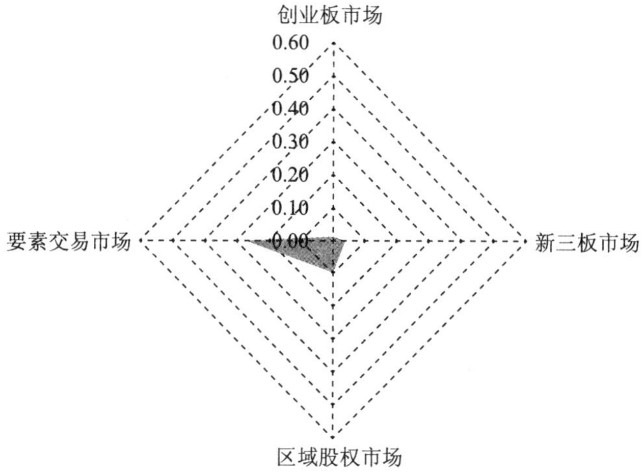

图 6.13.2 大连“双创”金融市场发展分项评估

• 区域股权市场与新三板市场发展缓慢。截至 2017 年，在区域股权市场挂牌的大连企业数量仅为 301 家，均低于东北其他三个城市，新三板挂牌公司数量为 89 家，年度新增数量仅为 7 家。

• 创业板市场发展停滞。截至目前，大连共有 2 家创业板上市公司，市值为 96.37 亿元，同比有所下降，在 2017 年仍然没有新增创业板上市公司。

• 大连市的要素市场发展相对活跃，目前拥有要素交易平台 34 家。

大连“双创”金融服务水平发展情况如图 6. 13. 3 所示。

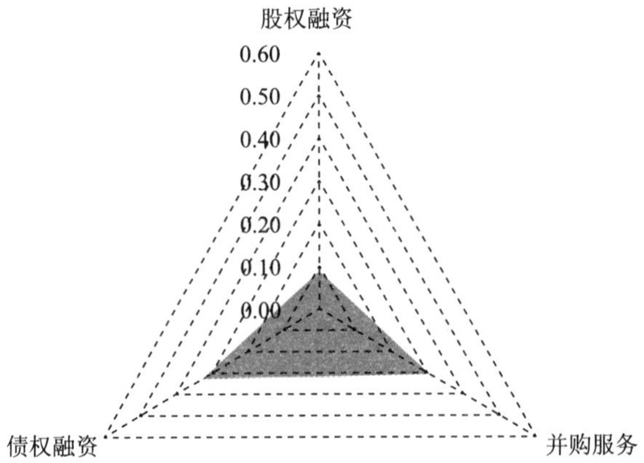

图 6. 13. 3 大连“双创”金融服务水平分项评估

● 股权融资服务发展相对较慢，但较去年有明显进步。2017 年，大连股权投资案例数仅为 37 起，融资交易规模为 94. 54 亿元，境内股票市场融资规模为 137. 54 亿元。

● 并购服务发展开始于债券融资服务齐平，2017 年共发生 27 起并购案例，规模为 266. 91 亿元，中小企业私募债券融资规模的规模为 11 亿元。

大连市“双创”金融生态环境具体情况如图 6. 13. 4 所示。

● 创业活跃度相对有所提升。2017 年，大连市当年新注册企业数为 1143004 家，是去年的两倍。

● 其余三项指标基本持平，2017 年大连拥有 41 家国家级“双创”平台数量。最新数据显示大连市拥有 694 家国家高新技术企业，PCT 专利申请量为 125 件。

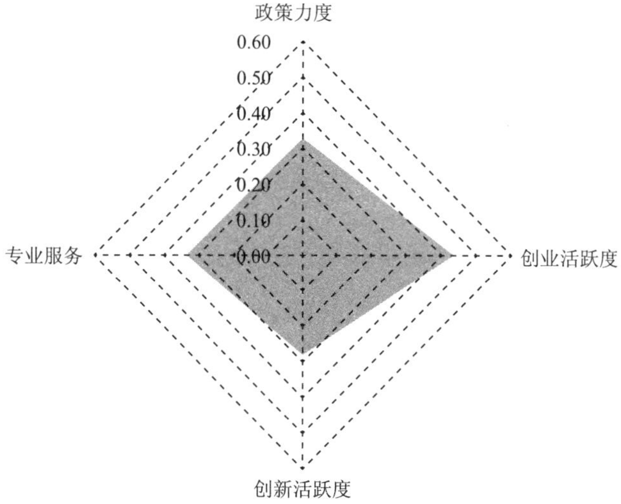

图 6.13.4 大连“双创”金融生态环境分项评估

6.14 福州

福州作为福建省会城市，处于改革开放核心地带，发展“双创”金融具有一定政策优势和产业基础，但是在两期“双创”金融指数的排名都不理想，甚至在 2017 年出现较大程度的下滑。

6.14.1 发展现状

近年来，福州市政府相继出台《福州新区创建双创示范基地工作方案》《关于扶持“双创”工作的八条措施》《福州高新区扶持“双创”工作六条措施的实施细则》等一系列文件，以改善创业创新融资环境为主线，不断拓宽创新创业投融资渠道和方式，为金融支持“双创”营造良好政策环境。

一是推动多元化创业投资主体发展，以政府引导基金为引领，带动社会资本、国有资本等多元主体共同参。设立福州市创业创新天使基金，根据“政府引导、市场运作、科学决策、防范风险”的原则，重点投资众创空间、大学生创业创新等项目，支持中小微企业发展壮大。提出推广扶持创业投资企业加快发展的若干税收优惠政策，制定股权投资基金管理办法，在工商便利、落户奖励、住房补贴等方面出台一揽子支持优惠措施，引导和鼓励创业投资机构优先投资处于初创期的科技型企业。

二是以多层次资本市场为主体，形成股权投资、债权投资等多种渠道共同投资。加大辖区内企业上市奖励力度，鼓励互联网企业和高新技术等企业在“新三板”和海峡股权交易中心挂牌交易；大力支持债券融资，依托福州市“小微企业发债增信资金池”，与省级财政共同为小微企业在银行间债券市场、证券交易所市场和海峡股权交易中心等发债融资提供增信支持；加大信贷支持力度，鼓励金融机构创新金融产品，面向中小微企业开发知识产权融资等业务。

三是以服务实体经济为导向，探索股权众筹、网络众筹等多种模式共同发展的创业投融资体系。建立规范发展的众筹融资平台，探索开展股权众筹融资，鼓励众创空间组织创新产品开展网络众筹，为大众创业创新提供融资服务。

6.14.2 发展特征

福州在金融支持“双创”方面，具有以下几个发展特征：

一是充分把握政策优势。国家连续出台政策支持福建科学跨越发展，为福州发展“双创”金融带来前所未有的政策机遇。福州新区是全国唯一集自由贸易试验区、21 世纪海上丝绸之路核心区、国家生态文明先行示范区、国家级新区为一体的国家重点开发区域，拥有“四区叠加”的政策环境，并与一水之隔的平潭综合试验区形成强势联动的发展格局，有力推动人才、资金、技术、项目等创新要素集聚。同时，福州市获批国家创新型试点城市、福厦泉国家高新区获批国家自主创新示范区等利好，为福州做好创业创新先行示范创造更加有利的条件。

二是坚持闽台合作亮点。福州充分发挥地域优势，在两岸双创人才交流培养、金融服务、知识产权、孵化平台等方面取得突破性进展。台湾合作金库银行、台湾彰化银行、台湾华南银行、台湾银行等先后在福州设立分行；建设银行“海峡两岸跨境金融中心”落户福州，中国银行福建省分行是境内唯一开展海峡两岸人民币现钞调拨业务的银行。福州海峡创意产业园、福州海峡两岸青年创业孵化中心获国台办授牌“海峡两岸青年创业基地”；台湾青年创业创新创客基地入驻福州经济技术开发区。截至2016年7月底，福州海峡两岸青年创业孵化中心等10多个台湾青年创业基地，累计吸引190个台湾青年创业项目入驻。

6.14.3 指数评价

福州在本期“双创”金融指数中综合得分为18.34分，排名全国第24位。在四个分类指数排名中，“双创”金融机构实力位居全国第18位，“双创”金融市场发展排名为全国第20位，“双创”金融服务水平位居全国第16位，“双创”金融生态环境处于全国第27位，如表6.14.1所示。除“双创”金融市场发展外，福州在“双创”金融机构实力、“双创”金融服务水平和“双创”金融生态环境的排名都有下降，其原因是各项得分增速低于其他城市。

表 6.14.1　福州“双创”金融指数排名及得分

指标		本期得分	同比上期	本期排名	同比上期
“双创”金融综合指数		18.34	▲4.45	24	▼4
分类指数构成	“双创”金融机构	3.88	▲0.31	18	▼2
	“双创”金融市场	1.78	▲0.56	20	▲2
	“双创”金融服务	4.05	▲0.20	16	▼3
	“双创”金融生态	8.63	▲3.38	27	▼4

在“双创”金融机构实力方面，如图 6.14.1 所示。

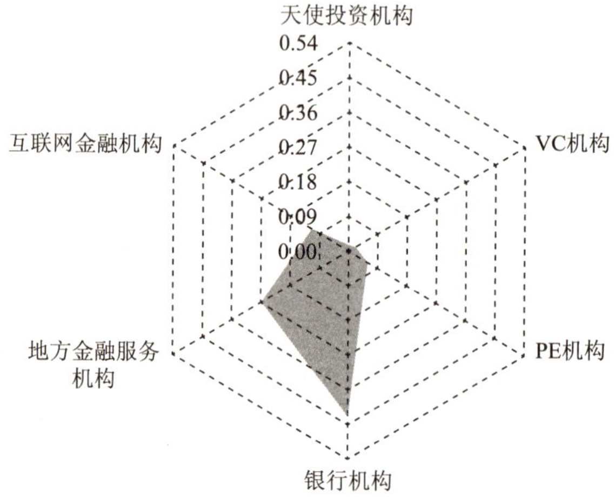

图 6.14.1　福州“双创”金融机构实力分项评估

• 福州金融机构实力整体较弱，主要表现在天使投资机构、VC 机构、PE 机构数量较少，管理规模有限。此外，互联网金融发展不足，也是福州金融机构实力不足的重要原因。2017 年福州拥有 38 家网贷平台和 3 家第三方支付机构。

• 作为省会城市，银行业金融机构较多是福州重要优势。其中，2017 年福州继续保有 1 家新型民营银行，资产规模为 24 亿元。

• 福州地方金融机构实力表现平稳。2017 年福州融资担保机构、小额贷款机构和融资租赁机构的数量分别为 112 家、118 家和 20 家。

在"双创"金融市场发展方面，如图 6. 14. 2 所示。

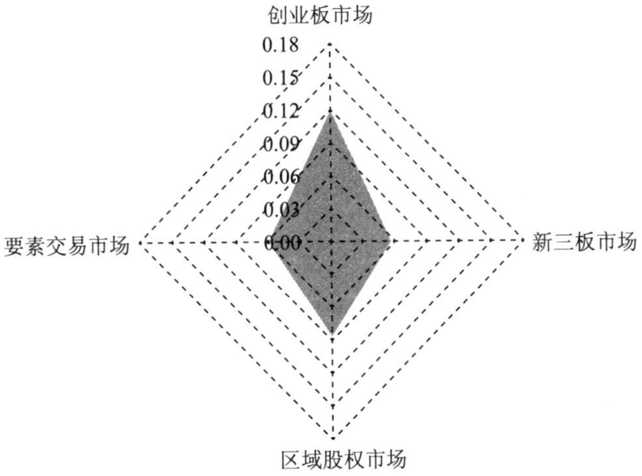

图 6. 14. 2 福州"双创"金融市场发展分项评估

• 福州"双创"金融市场发展整体不佳，在要素交易市场和区域股权市场进展缓慢，新三板市场表现有所回退。2017 年福州在新三板挂牌新增 20 家挂牌公司，比 2016 年减少 23 家，原因是过去几年存量被消耗，而增量动能不足。

• 福州在 2017 年在创业板市场有所斩获，当年新增 4 家上市公司，挂牌公司数量增至 8 家，上市公司总市值为 249. 46 亿元。

在"双创"金融服务水平方面，如图 6. 14. 3 所示。

• 债券融资是福州的优势之一。2017 年银行小微企业贷款余额为 2919. 64 亿元，较前几年有所下降。

• 福州在股权投资和并购交易方面虽有改善，但与同区域其他城市比较，体量上仍有较大差距。2017 年福州共发生 32 件股权投资案例，投融资规模为 40. 95 亿元；共发生并购交易 36 次，涉及并购融资规模为 72. 81 亿元。

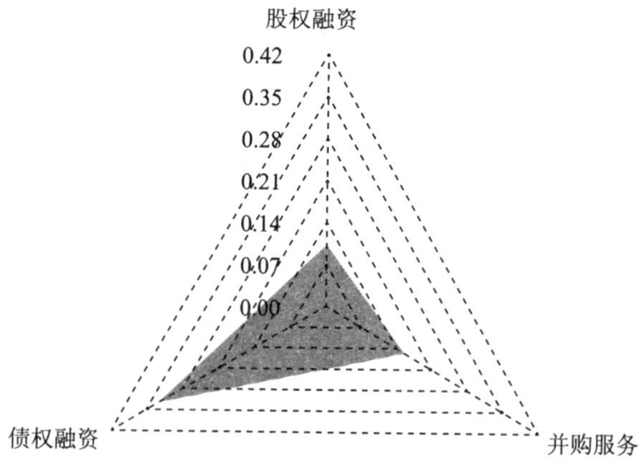

图 6.14.3　福州“双创”金融服务水平分项评估

在“双创”金融生态环境方面，如图 6.14.4 所示。

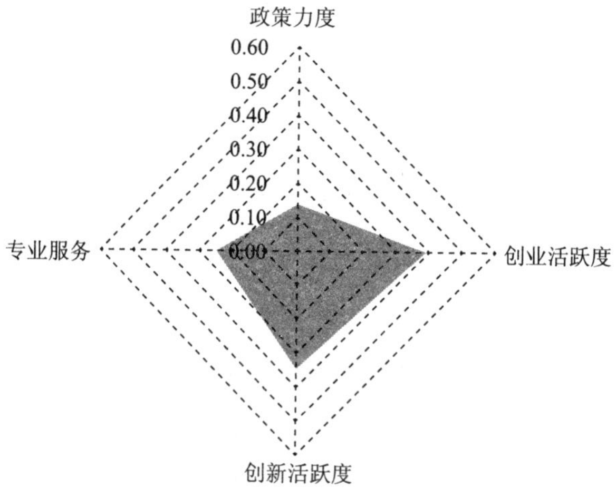

图 6.14.4　福州“双创”金融生态环境分项评估

● 福州在创新活跃度和创业活跃度方面表现较好，主要归功于新注册企业数、新增商标注册件数和新增发明专利申请量的增多。

● 2017 年福州每万人注册会计师为 1.43 人，每万人执业律师为 3.73 人，资产评估机构为 36 家。

6.15　温州

温州在“双创”金融综合指数排名中位居全国 25 名，与上期排名持平，2017 年以来双创金融发展保持平稳但仍缺乏亮点。

6.15.1　发展现状

2017 年以来，温州双创金融发展有以下几个动向：

一是龙湾高新区脱颖而出，成为温州创新创业的重要集聚地，目前，龙湾拥有市级科技企业孵化器 7 家，其中包括国家级 1 家，省级 4 家，市级 2 家。此外，龙湾加入市众创联盟的众创空间有 14 家，共入驻企业数 426 家。今年“创咖空间”“创梦工场”等四家众创空间获得省级众创空间称号，源大 We+社区获得省级优秀众创空间称号，“温州海龟之家”“和堂悦舍”等 6 家众创空间评上市级众创空间。其中，红连·薪火工坊是温州首批市级众创空间，并已成为省级众创空间，温州首家国家级众创空间。

二是温州创博会顺利举办，创博会集中展示了温州一批新科技、新工艺、新成果、新产品，广泛传播了激励创业、启迪创新的新理念、新思路、新经验。创博会主、分会场及配套活动参观人次达 7.01 万，成交额达到 2.02 亿元，达成合作项目 456 个。

6.15.2　发展特征

从 2017 年以来，温州“双创”金融的发展动向来看，温州“双创”金融的发展呈现以下几个特征：

一是“双创”金融活动集聚发展，创新创业和金融服务作为经济中最活跃的活动，具有明显的集聚特征，这在 2017 年多个城市的"双创"金融发展动向中均有体现，温州也不例外，龙湾高新区已经成为温州"双创"活动的集聚地和核心载体，金融资源也加速集聚，这将有利于金融服务创新创业活动的效率。

二是温州创博会正逐渐成为温州双创金融发展的一个宣传推广和资源对接的品牌和平台，表明温州"双创"金融的发展正在形成一定的品牌效应。但是总体来看，温州双创金融的发展还较为单薄，影响力也十分局限。

6.15.3 指数评价

温州"双创"金融指数综合排名及分项得分如表 6.15.1 所示。温州，在"双创"金融综合指数排名中位居全国 25 名，处于全国所有"双创"城市的靠后位置，其中"双创"金融机构排名全国 26 位，相比上期下降 5 位；"双创"金融市均排名全国 26 位，相比上期上升 1 位；"双创"金融服务发展排名全国 18 位，相比上期下降 4 位；"双创"金融生态排名 25 位。相比上期提升 3 位；总体来看，2017 年温州"双创"金融发展有所发展，但仍有较大提升空间。

表 6.15.1 温州"双创"金融指数排名及得分

指标		本期得分	同比上期	本期排名	同比上期
"双创"金融综合指数		17.74	▲5.53	25	—
分类指数构成	"双创"金融机构	2.84	▼0.29	26	▼5
	"双创"金融市场	1.15	▲0.45	26	▲1
	"双创"金融服务	3.91	▲0.15	18	▼4
	"双创"金融生态	9.83	▲5.22	25	▲3

温州“双创”金融机构实力具体情况如图 6. 15. 1 所示。

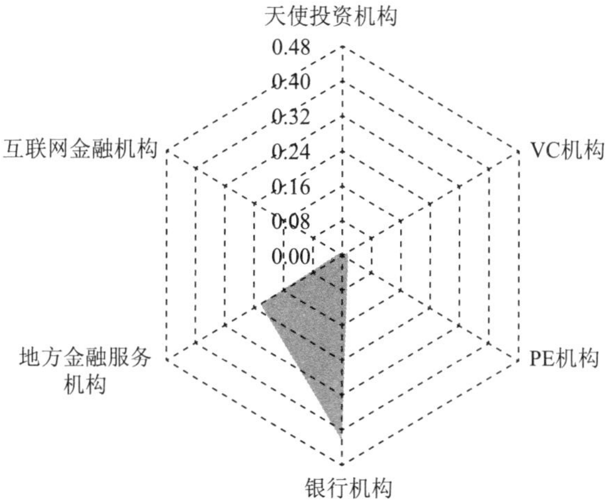

图 6. 15. 1 温州“双创”金融机构实力分项评估

• 相对而言，温州银行机构实力较为突出。目前，温州共有商业银行支行机构 999 家，与无锡的商业银行机构规模相当，且其拥有 1 家新型民营银行，目前该银行发展良好。

• 创业投资类机构发展滞后。2017 年，温州 VC 和 PE 机构数量分别为 23 家和 48 家，管理资金规模总计 8. 04 亿美元。而与其同地区的苏州市，2017 年的 PE 和 VC 机构数量总和超过 600 家，管理资金规模超过 250 亿美元。

• 地方金融机构发展缓慢。截至 2017 年，温州市融资担保机构数量仅为 39 家，远低于同地区的其他城市，且其小额贷款机构、融资租赁机构的发展也并不突出。

温州“双创”金融市场发展水平的具体情况如图 6. 15. 2 所示。

• 创业板与新三板市场上市或挂牌企业较少。截至 2017 年，温州创业板上市公司数量仅有 4 家，而同地区的苏州、南京均有 19 家。在新三板挂牌温州企业数量为 49 家，其中 2017 年新增 5 家，其挂牌规模也相对较小。

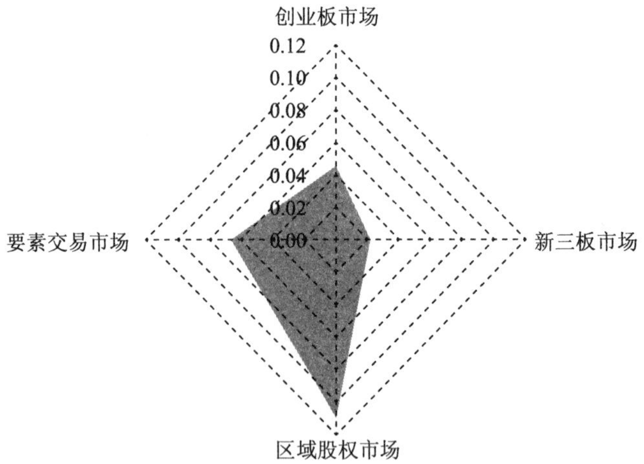

图 6.15.2　温州“双创”金融市场发展分项评估

• 区域股权市场发展较快。截至 2017 年，在区域股权市场挂牌的温州企业数量为 507 家，挂牌企业注册资本规模总计达 91.38 亿元。

温州市“双创”金融服务水平的具体情况如图 6.15.3 所示。

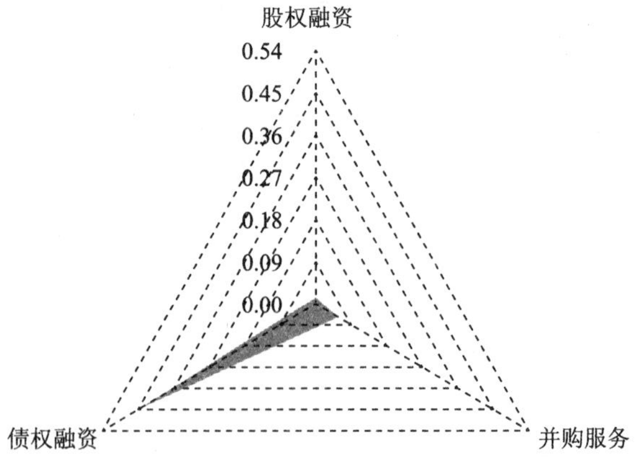

图 6.15.3　温州“双创”金融服务水平分项评估

• 温州“双创”金融服务发展水平整体较低。2017 年，温州年度股权投资案例数仅有 11 例，年度股权融资规模为 12. 98 亿元，远低于 31 个城市的平均水平。此外，温州 2017 年并购服务发生次数为 17 起，而同地区无锡在 2017 年发生了 58 起并购服务，并购规模达 138. 08 亿元。

● 中小企业债权融资途径相对单一。目前，温州小微企业贷款主要通过银行融资，债券融资发展并不乐观，2017 年，温州中小企业私募债发行规模为 0，而同期南京和苏州中小企业私募债发行规模分别达 128 亿元、67. 1 亿元。

温州“双创”金融生态环境的具体情况如图 6. 15. 4 所示。

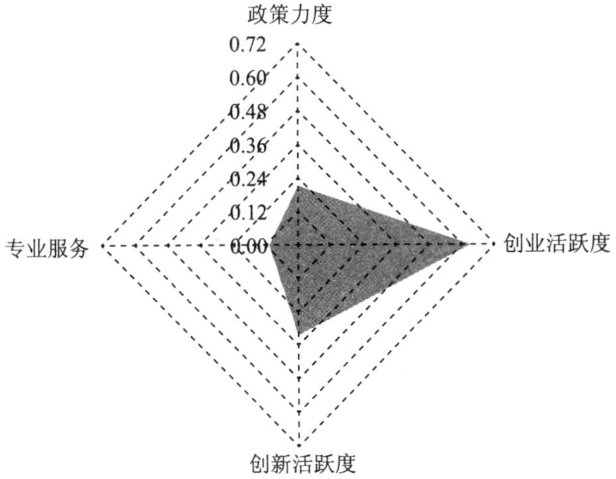

图 6. 15. 4　温州“双创”金融生态环境分项评估

● 温州创业活跃度较高。温州当年新设市场主体数量为 145265 家，新增商标注册件数则达到 40726 个。

● 温州专业服务水平发展滞后。目前，温州每万人拥有注册会计师人数、执业律师人数分别为 0. 26 人、2. 14 人，远低于全国“双创”城市平均水平。且资产评估机构仅有 15 家，而苏州有 26 家，无锡有 24 家。

- 政策力度相对不足。温州仅拥有19家“双创”平台，远低于同地区其他“双创”城市，目前，南京拥有79家国家级“双创”平台，而苏州拥有92家。

6.16 长春

长春在本期“双创”金融指数中排在全国第26位，发展较好的是“双创”金融机构，排全国第20位。

6.16.1 发展现状

2015年3月，长春市提出“兴业惠民，双聚双创”助力工程，其中要搭建博士创业园，筹划设立博士创业基金，10月，长春首个“双创”企业孵化器正式运营，为其“双创”活动添柴加薪。2016年先后出台《中共长春市委、长春市人民政府关于促进服务业加快发展的若干实施意见》《关于进一步做好新形势下就业创业工作推动大众创业万众创新的实施意见》《关于发展众创空间推进大众创新创业的实施意见》《关于加快推进工业转型升级实施意见》《关于进一步推动科技创新的实施意见》《长春市支持外出务工人员返乡创业的指导意见》《长春市支持外出务工人员返乡创业“春雁行动”实施方案》《关于进一步深化经济发展软环境建设支持大众创业万众创新的意见》，为长春的“双创”发展注入新的动力。

2017年，围绕长春新区国家“双创”示范基地建设展开多项“双创”活动，长春科技金融创新服务中心现已入驻投融资及中介机构25家，与近百家机构建立了合作关系，构建了四重融资链。此外，长春市充分发挥助保金池作用，2017年助保金池管理机构为24户中小企业提供了41笔贷款业务，贷款金额41415万元，贷款余额21360万元，放大了2.5倍。长春市政府出台集聚人才“20条新政”，启动招才引智“万人计划”，为自身的“双创”金融发展提供保障。

6.16.2 发展特征

长春市2017年的“双创”金融发展中，较为偏重“双创”金融机构的建设，如为长春科技金融创新服务中心引入投融资机构，构建四重融资链，投资1500万入股成立了吉林省科技小额贷款公司等系列举措，连带着依托于金融机构的金融服务发展势头有所增长。

长春市“双创”金融的另外一个发展特征是金融生态发展较好，筹建的科技大市场服务功能进一步完善，具备资源汇聚、供需链接、服务对接、技术交易、成果转化五大功能，为科技企业创新发展提供了较好的科技资源应用支撑转化平台，进一步刺激创新活跃度的提升。

再者长春还重视人在“双创”金融活动中的作用，出台《关于进一步集聚人才创新发展的若干意见》，同时联合高等院校、科研院所首次将大学生创业纳入“双创”扶持范围，扶持上限提高至1000万元。

6.16.3 指数评价

长春在本期“双创”金融指数中综合得分为17.56，排名全国第26，上升3位。四个分类指数排名中，“双创”金融机构位于全国20位、“双创”金融市场位于全国28位、“双创”金融服务居于全国第29位，“双创”金融生态的排名为全国第23位，各有起伏如表6.16.1所示。

表 6.16.1 长春“双创”金融指数排名及得分

指标		本期得分	同比上期	本期排名	同比上期
“双创”金融综合指数		17.56	▲7.86	26	▲3
分类指数构成	“双创”金融机构	3.66	▲1.12	20	▲6
	“双创”金融市场	0.98	▲0.11	28	▼4
	“双创”金融服务	2.34	▲0.97	29	▲2
	“双创”金融生态	10.58	▲5.66	23	▲3

在“双创”金融机构实力方面，如图 6.16.1 所示。

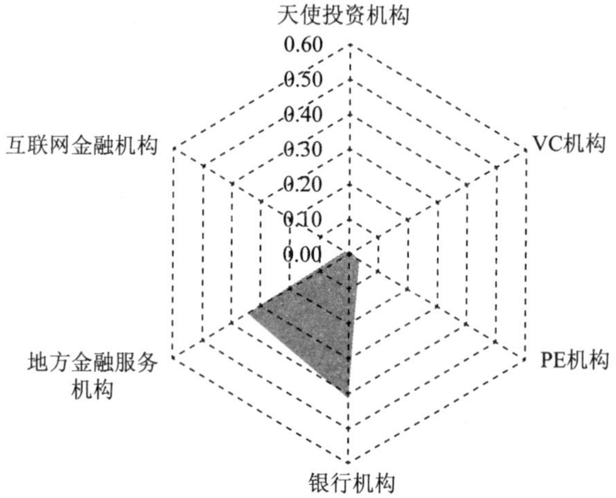

图 6.16.1 长春“双创”金融机构实力分项评估

• 2017 年，长春创业股权投资类机构发展仍较为薄弱，仅有 PE 机构数量 103 家作为亮点，管理资产规模为 21.13 亿美元。没有天使投资机构，VC 机构数量为 14 家，管理资产规模为 2.53 亿美元。

• 长春市的银行机构与地方金融服务机构发展较为良好，截至 2017 年 2 月，长春市共有 1049 家商业银行支行，申请到首家民营银行牌照，根据最新数据显示，长春市共有 53 家融资担保机构。

在“双创”金融市场发展方面，如图 6.16.2 所示。

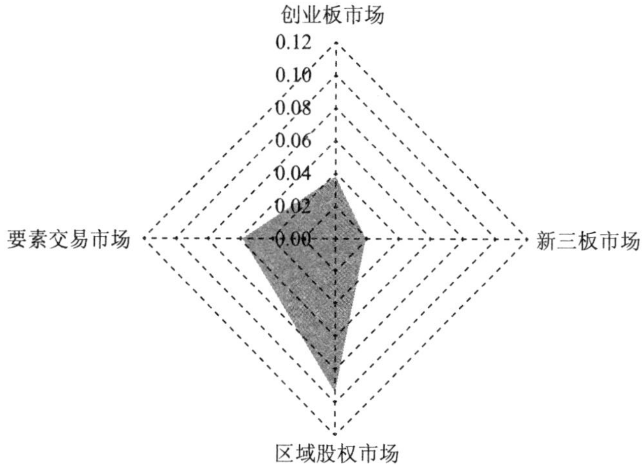

图 6.16.2　长春“双创”金融市场发展分项评估

•2017 年长春有 1 家新增创业板上市公司，共计 3 家，总市值为 178.38 亿元，但是创业板市场发展相对来说较弱。

•长春的区域股权市场相对最为活跃，2017 年度长春共计有 376 家区域股权市场挂牌公司，挂牌公司注册资本规模为 96.43 亿元。

在“双创”金融服务发展方面，如图 6.16.3 所示。

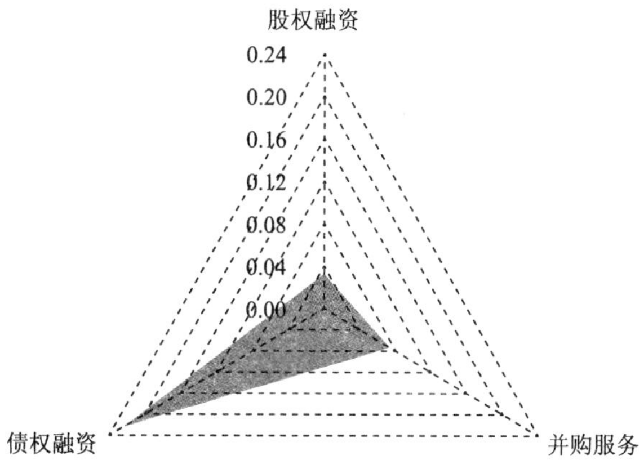

图 6.16.3　长春“双创”金融服务水平分项评估

• 长春2016年度并购事件发生11次，规模为51.33亿元，同比有较大进步。

• 2017年度，长春市共发生16起股权投资案例，融资规模达10.31亿元，境内股票市场融资规模为94.81亿元。

在“双创”金融生态环境方面，如图6.16.4所示。

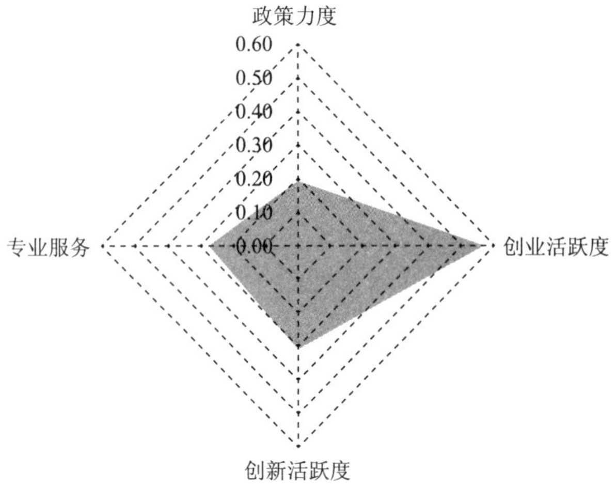

图6.16.4　长春“双创”金融生态环境分项评估

• 长春市的创业活动较为活跃，2017年新增153000家企业。

• 专业服务发展势头持平，截至2018年2月，长春市每万人拥有1.53位注册会计师，截至2017年3月，长春市的资产评估机构数为54家。

6.17　石家庄

由于产业结构等原因，石家庄金融服务资源和市场经济环境较为薄弱，同时京津对华北区域人才长期发挥虹吸效应，因而石家庄在“双创”金融指数的排名十分不理想，更加需要重视通过投融资手段，激活本地创新创业活动。

6.17.1 发展现状

石家庄作为省会城市，金融机构实力在河北省有着得天独厚的优势，近年来，逐步形成种类齐全、覆盖范围较广的地方金融组织体系。2017 年石家庄金融业增加值达到 493 亿元，位居全省第一，占服务业比重达到 16%。但从全国角度考察，石家庄金融业发展水平较为滞后，尤其是在华北区域的竞争力极低，同时对“双创”活动的支持力度严重不足。

为此，石家庄市政府在 2018 年 2 月《关于 2018 年在全市开展“双创双服”活动的实施意见》中，将金融业列入“4+4”现代产业格局：围绕促进省会金融产业高质量发展，着力推进金融创开区建设，以自强路、永安路两条金融街为主轴，做强 2 个金融服务走廊，依托现有传统金融业基础，重点发展银行、证券、保险等行业，积极培育金融服务业新业态；初步建成互联网金融圈、融资租赁产业圈、基金产业圈、金融服务外包圈、民间资本圈 5 大金融生态圈，构建新型金融产业体系；持续扩大直接融资规模，支持优势企业到境内外多层次资本市场挂牌上市；加强金融服务，通过投贷联动、银保合作、融资租赁、知识产权质押等形式，加大优质高效投入，促进金融和“4+4”实体经济发展的良性循环。

在双创平台创建方面，石家庄高新区于 2017 年 8 月成立双创联盟，将实现双创孵化载体和科技服务机构间的资源共享、互通有无，从资金、管理、技术、服务等多方面为企业提供“组合拳”式的服务；使信息、技术、资本、人才等创新创业要素资源高效率、无障碍地流通，降低创新创业成。据统计，石家庄高新区现有区级以上众创空间 19 家，其中国家级7家；孵化器17家，其中国家级7家，占全省的30%；加速器2家。河北省2016年度孵化器考核中，高新区参评的9家孵化器全部合格，其中6家被评为优秀。石家庄高新区还设有各类创新平台100余家，拥有小贷公司4家、创投机构14家、科技金融路演平台1个、科技支行2家及其他金融机构15家。

6.17.2 发展特征

石家庄在金融支持“双创”方面，具有以下几个发展特征：

一是将“双创”升级为“双创双服”。石家庄作为河北省省会，在开展“双创”金融工作时，严格遵照2018年2月《关于2018年在全省开展“双创双服”活动的实施意见》，即“1+30+1”方案体系，包括“双创双服”活动实施意见、30个专项方案和优化营商环境工作方案。河北省委省政府定调2018年“双创双服”活动突出“创新、强企、解难、惠民”年度主题，以培育创新平台和市场主体为重点促进创新创业，以帮扶企业和项目为核心服务发展，以重大民心工程为关键服务民生，持续优化营商环境，推动全年目标任务落实。其中，创新创业主要针对市场主体偏少、创新创业平台支撑力较弱的问题，重点聚焦到培育市场主体、“双创”示范基地、科技企业孵化器、创业就业孵化基地、高新技术企业、小微型企业创业创新基地六类平台主体。

二是分类推进“双创”金融工作。2018年4月，石家庄出台《“双创”示范基地建设方案》，强调要按照建设主体不同特点，分类推进区域、企业、高校及科研院所三类“双创”示范基地建设。对于区域“双创”示范基地，设立创业投资基金或天使投资基金，探索投贷联动改革，为初创期、早中期企业成长搭建便捷、高效、低成本投融资服务；对于高校及科研院所“双创”示范基地，引导和推动创业投资、创业孵化与高校、科研院所等技术成果转移相结合；对于企业“双创”示范基地，发挥各类专项资金、政府性基金等作用，引导撬动社会资金、民间资本为示范基地发展提供资金和融资服务，同时要求“双创”基地承建主体要不断加大资金支持，建立持续投入机制，为基地建设和运营提供资金保障。

6.17.3 指数评价

石家庄在本期“双创”金融指数中综合得分为16.55分，排名全国第27位。在四个分类指数排名中，“双创”金融机构实力位居全国第12位，“双创”金融市场发展位居全国第30位，“双创”金融服务水平位居全国第24位，“双创”金融生态环境处于全国第30位，如表所示。石家庄“双创”金融综合指数较前期下降1位，主要由于“双创”金融机构实力和“双创”金融生态环境分别下降5位和3位。

表6.17.1 石家庄“双创”金融指数排名及得分

指标		本期得分	同比上期	本期排名	同比上期
“双创”金融综合指数		16.55	▲4.64	27	▼1
分类指数构成	“双创”金融机构	4.55	▲0.62	12	▲1
	“双创”金融市场	0.90	▲0.04	30	▼5
	“双创”金融服务	3.40	▲1.16	24	▲4
	“双创”金融生态	7.70	▲2.82	30	▼3

在“双创”金融机构实力方面，如图6.17.1所示。

• 石家庄地方金融机构实力水平极为突出，带动“双创”金融机构分享指标得分上升，主要得益于融资担保和小额贷款行业在最近几年的快速发展。

• 2017年石家庄VC机构和PE机构的数量分别为35家和168家，较2016年有所增加，管理资金规模从51.87亿微增至56.42，但增速明显慢于全国平均水平。

● 石家庄银行机构表现平平。2017 年商业银行支行数量为 1005 家，尚未有新型民营银行落地。

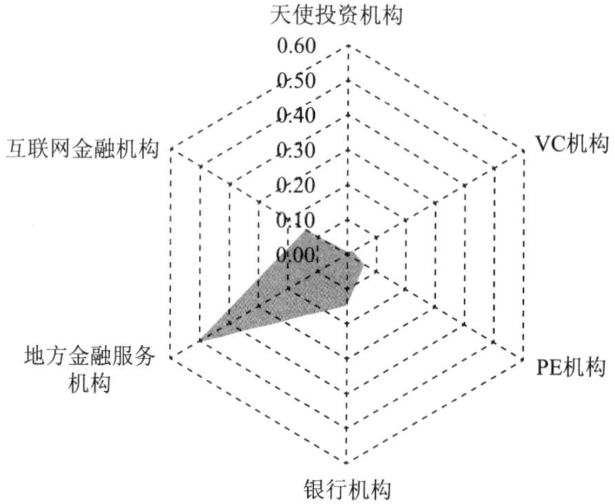

图 6.17.1　石家庄“双创”金融机构实力分项评估

在“双创”金融市场发展方面，如图 6.17.2 所示。

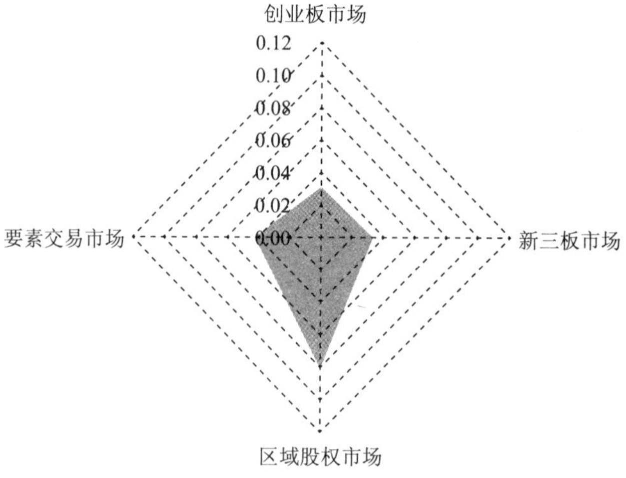

图 6.17.2　石家庄“双创”金融市场发展分项评估

• 石家庄创业板和新三板表现不佳，区域股权市场相对较好，但也落后于全国均值。2017 年石家庄创业板上市公司数为 5 家，总市值为 267. 22 亿元；新三板挂牌公司数为 70 家，注册资本规模为 27. 61 亿元；区域股权市场挂牌公司数为 362 家，注册资本规模为 70. 54 亿元。

• 石家庄要素交易市场发展缓慢。2017 年石家庄仅有 5 家要素交易平台，较 2016 年减少 4 家，在全国“双创”城市中排名末位。

在“双创”金融服务水平方面，如图 6. 17. 3 所示。

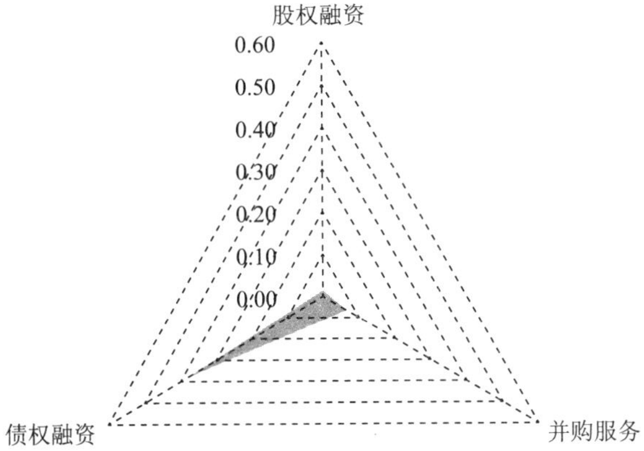

图 6. 17. 3　石家庄“双创”金融服务水平分项评估

• 股权融资和并购交易服务水平整体较低。2017 年石家庄未记录股权投资案例，并购交易案例为 9 起，涉及规模为 47. 91 亿元，较 2016 年均有所好转，符合全国并购兴起的大趋势。

• 债权融资继续成为石家庄“双创”金融服务的主要途径。究其原因是，2017 年石家庄银行小微企业贷款余额虽然仅为 2702. 74 亿元，但占贷款总额的比重高达 30. 28%，位列全国首位。

在“双创”金融生态环境方面，如图 6. 17. 4 所示。

• 专业服务水平较低是石家庄的重要短板之一。2017 年石家庄每万人注册会计师数与执业律师人数分别为 1. 20 与 2. 53 人，低于全国平均水平；资产评估机构数量为 39 家。

● 石家庄政策支持力度、创新活跃度和创业活跃度表现良好，但是仍然有待提升。其中，2017 年石家庄研发投入仅为 1.83%，在本区域敬陪末座。

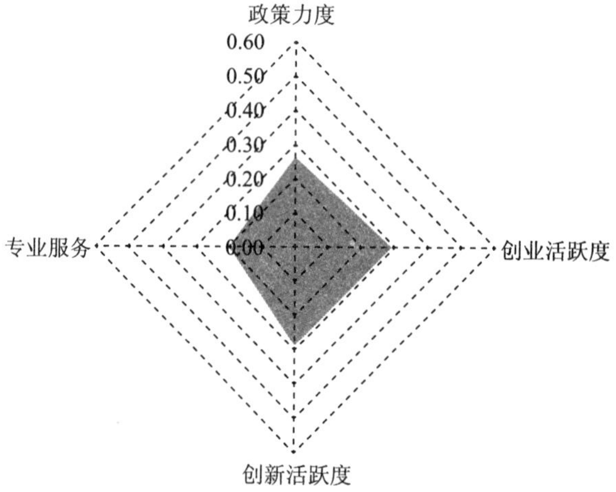

图 6.17.4　石家庄“双创”金融生态环境分项评估

6.18　南宁

南宁在“双创”金融综合指数位居全国第 28 位，发展较好的是“双创”金融服务，排全国第 17 位。

6.18.1　发展现状

2017 年，南宁继续深入推进“双创”工作，在科技创新方面取得重要进展，科技创新对经济增长贡献率达 57%。南宁·中关村创新示范基地累计引进行业重点企业 33 家、入孵创新团队 52 个、合作高校 26 所，初步形成智能制造等四个产业微集群，南宁·中关村创新示范基地产业园建设稳步推进。南宁高新区成为广西首个国家双创示范基地。高新技术产业不断壮大，高新技术企业达451家、占全区总量的三分之一，高技术产业产值预计完成760亿元、增长15%，南南铝跨入世界高端铝材加工行业。新建国际科技合作基地15家，南宁学院与科大讯飞合作建设广西首家人工智能学院。新增国家级科技企业孵化器2家、众创空间3个，建成自治区重点实验室4家。实施广西科技成果转化大行动项目76项，中国—以色列科技成果交流转化中心落户南宁。

6.18.2 发展特征

南宁在金融支持“双创”活动中具有以下几个特征：

一是积极借鉴发达地区“双创”金融发展经验。南宁借鉴北京中关村金融模式，助力企业创新发展。南宁信息谷资产管理有限责任公司与中国建设银行南宁高新支行签署战略合作协议，中国建设银行南宁高新支行发布对南宁·中关村创新示范基地内企业给予10亿元银行授信，涵盖信贷、投行、资产证券化等业务，支持基地企业创新发展。

二是设立协同创新投资基金。为支持南宁·中关村创新示范基地发展，去年南宁市和高新区管委会共同出资5000万元加入中关村与各省市14个地方政府、金融机构共同成立的100亿元协同创新投资基金，利用协同创新投资基金，重点支持南宁市和高新区优质双创项目发展壮大。为扶持实体经济，支持明匠公司设立了5亿元的智能制造产业基金，首期1亿元基金已到位。借助宜信国际以色列创新基金，引进国际资本，助力广西南宁本地项目对接国际资本和技术，拓展创新创业投融资渠道。

6.18.3 指数评价

南宁“双创”金融指数排名及分项得分如表6.18.1所示，“双创”

金融综合指数位居全国第28位，“双创”金融市场和“双创”金融服务发展水平较为突出，两项排名均位居全国第17位，但其他分项得分排名并不突出，说明南宁市的“双创”金融基础较为薄弱，进一步筑牢“双创”金融的发展基础，是提升南宁“双创”金融整体发展水平的关键。

表 6.18.1　南宁“双创”金融指数排名及得分

指标		得分	同比上期	排名	同比上期
“双创”金融综合指数		16.24	▲5.69	28	▼1
分类指数构成	“双创”金融机构	2.19	▼0.01	29	▼2
	“双创”金融市场	2.07	▲1.64	17	▲13
	“双创”金融服务	3.94	▲0.26	17	▼2
	“双创”金融生态	8.04	▲3.79	28	▼1

南宁“双创”金融机构实力具体情况如图 6.18.1 所示。

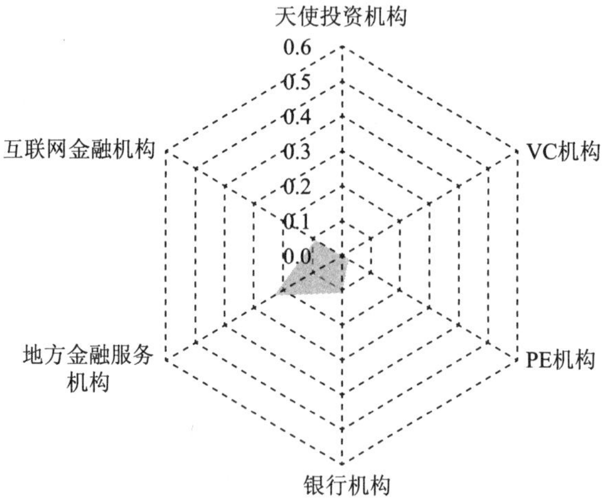

图 6.18.1　南宁“双创”金融机构实力分项评估

●创业投资类机构发展水平较低。截至 2017 年，南宁 VC 机构数量为 9 家，管理基金规模为 5.33 亿美元，PE 机构为 60 家，管理基金规模为 33.84 亿美元，远低于全国平均水平。

●南宁目前没有天使投资类机构，创业投资类机构在南宁的整体发展水平相对较低。

南宁“双创”金融市场实力的具体情况如图 6.18.2 所示。

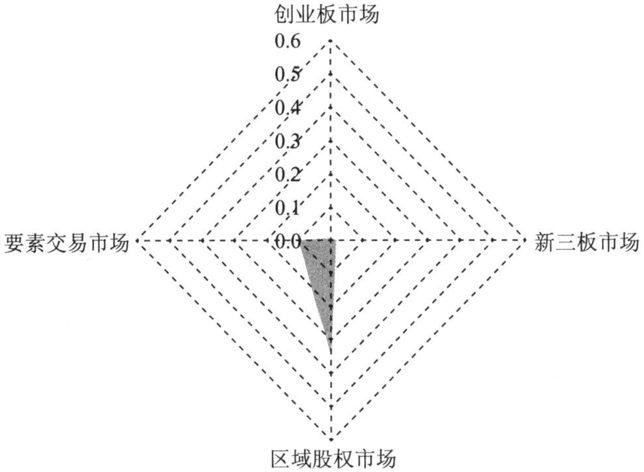

图 6.18.2　南宁“双创”金融市场发展分项评估

●区域股权市场发展发展相对较好。截至 2017 年，南宁共有区域股权市场挂牌企业 1635 家，挂牌公司注册资本规模为 279.14 亿元。此外，南宁目前集聚了多个区域股权交易中心，为南宁区域股权市场的进一步发展奠定了基础。

●新三板市场发展滞后。截至 2017 年，南宁新三板挂牌企业数量仅为 29 家，新增 12 家，其新三板市场规模比乌鲁木齐的同期水平还低。总体而言，目前南宁“双创”金融市场发展水平整体不高。

南宁“双创”金融服务的具体情况如图 6.18.3 所示：

●银行对小微企业的支持力度较大。2016 年，南宁市小微企业贷款余额占贷款总额比重为 30.14%，超过全国平均水平，银行小微企业贷款余额为 3155.52 亿元。

• 中小企业私募债券融资规模相对较小，2017年规模仅有10亿元。

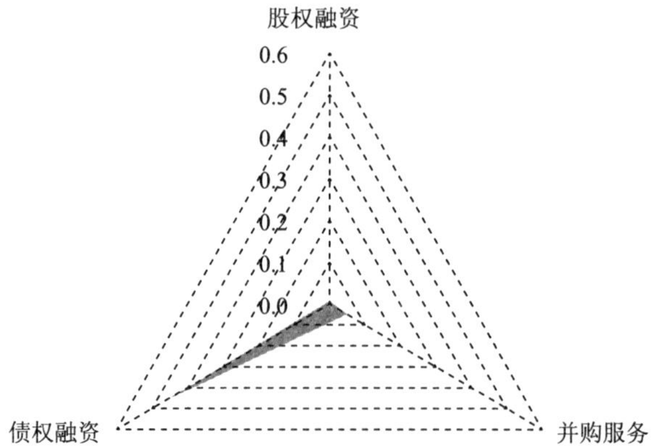

图6.18.3　南宁“双创”金融服务水平分项评估

南宁“双创”金融生态环境的具体情况如图6.18.4所示。

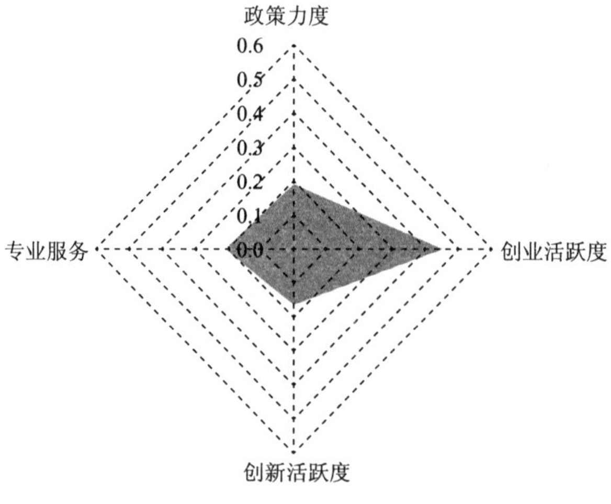

图6.18.4　南宁“双创”金融生态环境分项评估

• “双创”活动的政策支持力度较低。目前，南宁科技支出资金占公共财政支出资金的比重仅为2.26%，仅有10个国家级“双创”平台，远低于西部地区其他城市。

• 创新创业活跃度较低。2016 年南宁新注册企业 12 万家，仅比西部地区乌鲁木齐的新注册企业数量多。

6.19 哈尔滨

哈尔滨在本期“双创”金融指数中排名全国第 28 位，其四项“双创”金融指标都较为平均。

6.19.1 发展现状

2015 年 12 月，哈尔滨市出台《哈尔滨市创业投资引导基金管理暂行办法》鼓励各方投资于哈尔滨市的重点发展领域，2016 年 7 月，印发《哈尔滨市推进小微企业创业创新基地城市示范工作若干政策意见》9 月，出台《关于推进小微企业创业创新基地城市示范工作若干政策的意见》，努力营造“大众创业、万众创新”的良好环境。

2017 年 1 月，哈尔滨出台《哈尔滨市促进民间投资健康发展的若干措施》，引导企业多渠道融资，并鼓励企业在“新三板”上市，着重扶持民营及小微企业。哈尔滨强化资金引导、股权激励等措施，充分发挥市校科技合作平台作用，转化科技成果 379 项，京东、百度、腾讯旗下创业机构相继落地运营，各类科技企业孵化器发展到 131 家，在孵企业达到 4049 家，哈尔滨新区获得国家双创示范基地批复。

6.19.2 发展特征

哈尔滨的创新创业要素还较为薄弱，各类“双创”基础设施或服务仍在建设过程中，且国际化的“双创”合作还在探索过程中。在发展过程中，哈尔滨的发展特征有着产融结合和注重引进金融机构的特征。

一是产融结合市企信融资担保中心为小微企业担保138亿元，新增上市、挂牌企业10户，成为首批国家产融合作试点城市，重点发挥政策性融资担保作用，支持金融机构开展应收账款、非上市公司股权等权益类资产质押融资业务，让金融血液顺畅流向中小微企业。

二是注重引进金融机构，引进了平安银行等金融机构，并以“广深基金哈尔滨行”等活动为契机，引入和壮大天使投资、风险投资、创业投资等金融机构，发展壮大哈尔滨股权交易中心、创新金融产业园、科技金融产业园，以提升哈尔滨“双创”金融服务的能力。

6.19.3 指数评价

哈尔滨在本期“双创”金融指数中综合得分为14.99，排名全国第29，同比下降一位。四个分类指数排名中，“双创”金融机构位于全国28位、“双创”金融市场位于全国29位、“双创”金融服务居于全国第31位，“双创”金融生态的排名为全国第26位，全线排名都有所下降，如表6.19.1所示。

表6.19.1 哈尔滨“双创”金融指数排名及得分

指标		本期得分	同比上期	本期排名	同比上期
“双创”金融综合指数		14.99	▲4.49	29	▼1
分类指数构成	“双创”金融机构	2.53	▲0.49	28	▲1
	“双创”金融市场	0.98	▲0.14	29	▼3
	“双创”金融服务	1.70	▼0.98	31	▼8
	“双创”金融生态	9.79	▲4.83	26	▼1

在“双创”金融机构实力方面，如图6.19.1所示。

- 2017年哈尔滨共计有VC机构51家，管理资金规模为8.99亿美元，PE机构为60家，管理资金规模为1.58亿美元。哈尔滨“双创”金融机构发展整体较弱，地方金融服务机构和银行机构发展相对突出，

2017年哈尔滨拥有72家融资担保机构，2家融资租赁机构，1091家商业银行支行。

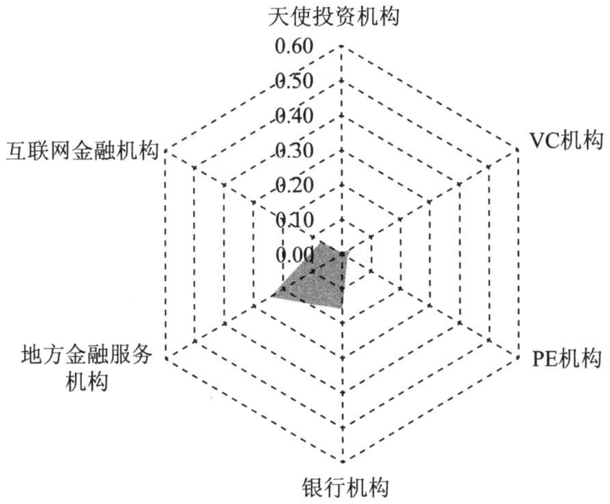

图6.19.1 哈尔滨“双创”金融机构实力分项评估

在“双创”金融市场发展方面，如图6.19.2所示。

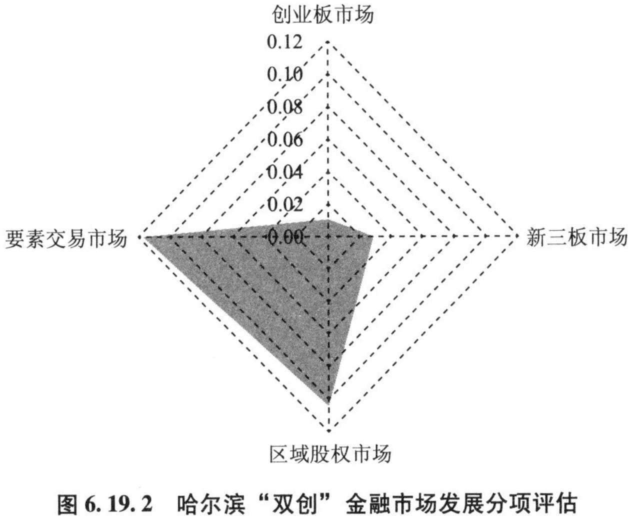

图6.19.2 哈尔滨“双创”金融市场发展分项评估

- 2017年哈尔滨共计444家区域股权市场挂牌公司，注册资本规模为 98.85 亿元，发展较为良好。

● 2017 年度哈尔滨拥有 15 家要素交易平台。

在“双创”金融服务发展方面，如图 6.19.3 所示。

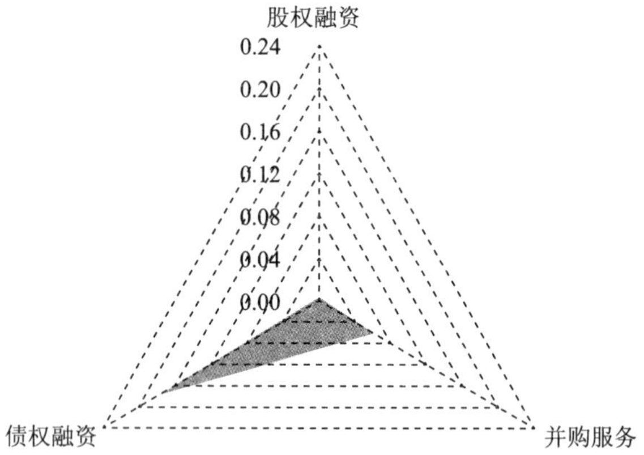

图 6.19.3 哈尔滨“双创”金融服务水平分项评估

● 2016 年度哈尔滨共计发生并购事件 11 起，并购规模为 37.30 亿元。

在“双创”金融生态环境方面，如图 6.19.4 所示。

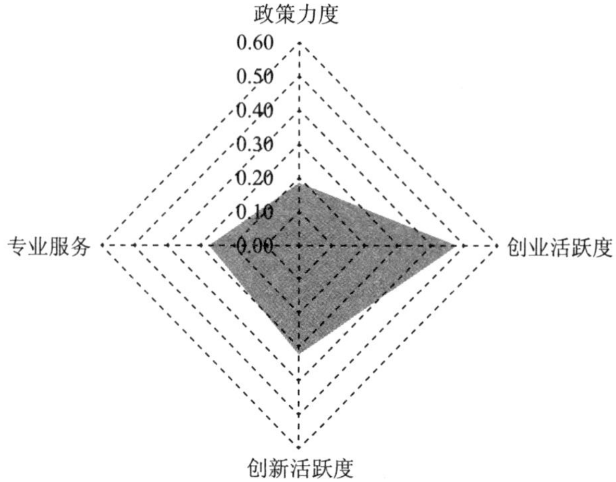

图 6.19.4 哈尔滨“双创”金融生态环境分项评估

- 2017 年哈尔滨新增企业数为 126000 家。
- 截至 2018 年 3 月，哈尔滨每万人拥有注册会计师人数为 1.82 为，截至 2018 年 4 月，资产评估机构数为 73 家，2017 年度，哈尔滨每万人拥有 2.41 为执业律师。

6.20　南昌

南昌在本期“双创”金融指数中排名全国第 30 位，南昌的“双创”金融市场较为活跃，排全国的第 27 位。

6.20.1　发展现状

2013 年 7 月，南昌市人民政府印发《关于南昌市高层次人才创新创业激励办法的通知》，2015 年 10 月，举行 2015 海外高层次人才（汽车产业）创新创业洽谈会，以提供政策及资金支持等方式，吸引海外高层次人才住进南昌创新创业。2016 年 3 月，江苏省与南昌市建立了“江西省国家级大学生创新创业基地”，旨在为大学生搭建集综合服务为一体的创业孵化服务平台。10 月，印发《关于深入推进创新驱动发展战略加快创新型城市建设的实施意见》（下称实施意见），引领“双创”发展，加快南昌创新型城市建设。

2017 年，南昌市成功举办第六届中国创新创业大赛江西赛区暨第二届“洪城之星”创新创业大赛，建成各类众创空间 92 家，其中国家备案 23 家，省级众创空间 32 家，省级创业孵化基地数量跃居全省前列。9 月出台《南昌市金融业发展和改革“十三五”规划》，确立大力推动“双创”金融发展，建立江西基金产业园区，鼓励社会资本参与创投和产业基金的设立。5 年来南昌共发放创业担保贷款 57 亿元。深入推进国家创新型城市建设，全面实施各类人才计划，成功获批建设中国（南昌）知识产权保护中心。

6.20.2 发展特征

南昌的“双创”金融发展势头较弱，但是其抓住了作为创新创业核心要素的产权保护为“双创”发展特征，成功获批建设中国（南昌）知识产权保护中心，新增国家企业技术中心 1 家，大力推进“知识产权示范城市”及“首批全国重点产业知识产权运营服务试点城市”的建设。

此外，南昌市的“双创”配套政策及措施发展较为良好，在人才和基础设施方面出台《南昌市金融业发展和改革“十三五”规划》及，进行稳步的“双创”金融建设，各类众创空间、孵化基地、中国青年创业社区建设完毕。在金融支持方面建立了“1+4+X”的政策体系助力小微企业发展，其中有专项资金、专项基金、县区竞争性资金等专项金融支持。

6.20.3 指数评价

南昌在本期“双创”金融指数中综合得分为 13.43，排名全国第 30，相较于去年没有变化。四个分类指数排名中，“双创”金融机构位于全国 31 位、“双创”金融市场位于全国 24 位、“双创”金融服务居于全国第 27 位，“双创”金融生态的排名为全国第 29 位，全线下降，如表 6.20.1 所示。

表 6.20.1 南昌“双创”金融指数排名及得分

指标		本期得分	同比上期	本期排名	同比上期
“双创”金融综合指数		13.43	▲5.22	30	—
分类指数构成	“双创”金融机构	1.82	▲0.15	31	▼6
	“双创”金融市场	1.29	▲0.94	24	▼7
	“双创”金融服务	2.48	▲0.25	27	▼3
	“双创”金融生态	7.84	▲3.87	29	▼10

在“双创”金融机构实力方面，如图 6.20.1 所示。

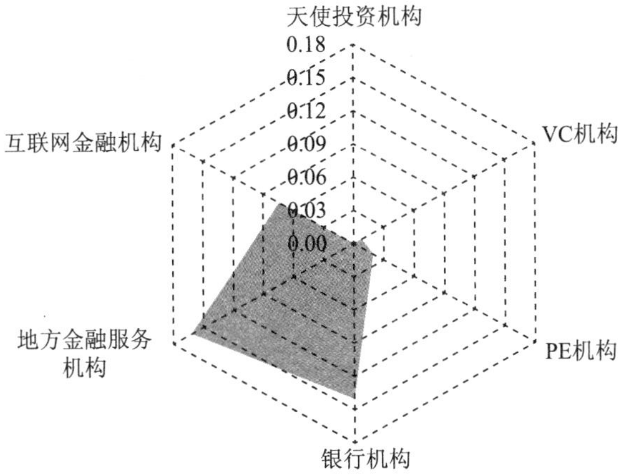

图 6.20.1 南昌“双创”金融机构实力分项评估

• 2017 年，南昌市共有 14 家 VC 机构，管理资产规模为 0.84 亿美元。PE 机构 54 家，管理资金规模为 21017 亿美元。

• 截至 2017 年 2 月，南昌市商业银行支行数量为 964 家。

在“双创”金融市场发展方面，如图 6.20.2 所示。

• 截至 2017 年底，南昌市共计有 48 家新三板挂牌公司，年度新增 7 家，挂牌公司注册总资本规模为 19.49 亿元。

• 南昌市 2016 年度区域股权市场挂牌公司数量为 1092 家，注册资本规模为 131.66 亿元。

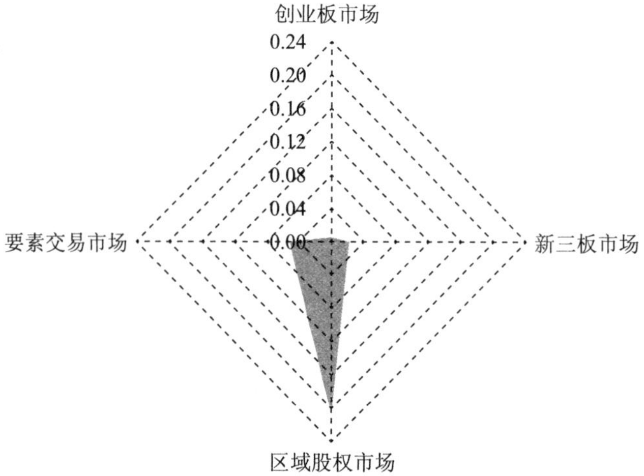

图 6.20.2　南昌“双创”金融市场发展分项评估

在“双创”金融服务发展方面，如图 6.20.3 所示。

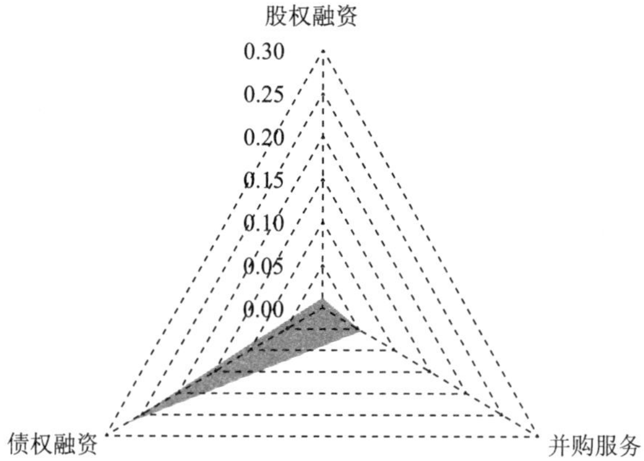

图 6.20.3　南昌“双创”金融服务水平分项评估

- 2017 年，南昌市年度境内股票市场融资规模为 17.7 亿元，私募股权投资案例 10 起，融资规模为 4.88 亿元。
- 2017 年，南昌市中小企业私募债券规模为 10 亿元。

在“双创”金融生态环境方面，如图 6.20.4 所示。

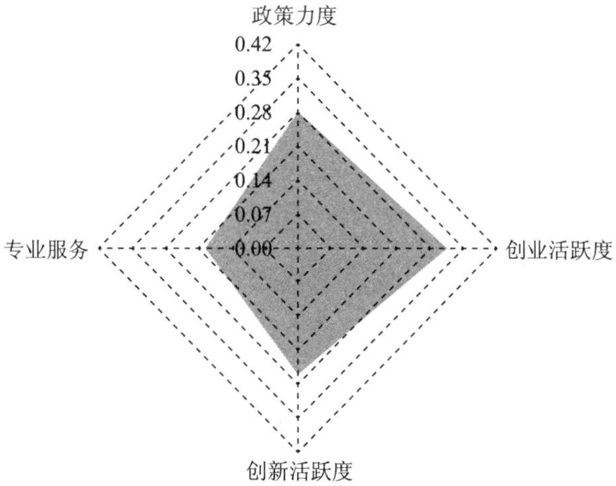

图 6.20.4　南昌“双创”金融生态环境分项评估

● 根据最新数据，南昌政府财政科技支出规模为 13.45 亿元，占公共财政支出比重 2.31%。

● 截至 2017 年 3 月，南昌市每万人共有 1.51 为注册会计师，截至 2017 年 4 月，南昌市共有 28 家资产评估机构。

6.21　乌鲁木齐

乌鲁木齐在本期“双创”金融指数中排名全国第 31 位，其各项“双创”金融指标都较为均衡。

6.21.1　发展现状

近年来，乌鲁木齐大力推进“大众创业、万众创新”的一系列决策部署精神，不断激发创业创新活力，开辟双创新空间，培育企业创新主体，初步形成了以大众创业带动小微企业蓬勃发展、以万众创新促进经济转型升级的良好态势。目前，乌鲁木齐重点打造高新区、经开区、甘泉堡、米东区、天山区、沙区等10个“双创示范”基地先导区和拓展区；聚焦重点产业和实体经济发展，构建信息软件、生物医药、精细化工、现代服务业和电子商务等5个“众创空间+创业苗圃+孵化器+加速器+产业园区”的双创孵化生态链；充分利用国家级开发区、科技企业孵化器、大学科技园、商贸企业集聚区、小微企业创业示范基地等现有条件，通过市场化方式构建一批创新与创业相结合、线上与线下相结合、孵化与投资相结合的众创空间，为创业者提供低成本、便利化、全要素的工作空间、网络空间、社交空间和资源共享空间；同时，创新财政资金支持方式，设立天使投资引导资金，培育和创业投资机构及投资人支持小微企业创新发展，探索试行“红山科技创新券”，引导专业机构为小微企业创新发展提供专业化服务，为“双创示范”基地建设输送源头活水。

6.21.2 发展特征

乌鲁木齐“双创”金融发展具有以下特征：

一是加强金融机构合作共同推进“双创”企业发展。2018年3月，乌鲁木齐高新技术融资担保有限公司与北京银行乌鲁木齐分行签署战略合作协议，海科现代电子科技有限公司、新疆天力重工有限公司、乌鲁木齐昌融达利商贸有限公司等首批符合乌鲁木齐高新区（新市区）“3+3”产业集群发展定位的3家辖区企业与北京银行乌鲁木齐分行分别进行了担保贷款业务签约。北京银行乌鲁木齐分行向乌鲁木齐高新技术融资担保有限公司授信10亿元，共同开展“保银贷”业务合作。

二是积极开展“双创”金融产品服务创新。北京银行等金融机构倾力打造智权贷、订单贷、组合贷、软件贷、小微贷、创意贷等一系列特色信贷金融产品体系的优势，开展系列投融资服务，坚持服务科技、文化、绿色农业等领域，以投贷联动创新为主线，通过联动政府、机构、银行、企业等多方资源，搭建一个股权投资和债权融资的联动平台，助力创新创业企业发展。

6.21.3 指数评价

乌鲁木齐在本期“双创”金融指数中综合得分为12.21，排名全国第31。四个分类指数排名中，“双创”金融机构位于全国30位、“双创”金融市场位于全国27位、“双创”金融服务居于全国第30位，“双创”金融生态的排名为全国第31位，如表6.21.1所示。

表6.21.1 乌鲁木齐“双创”金融指数排名及得分

指标		得分	同比上期	排名	同比上期
“双创”金融综合指数		12.21	▲4.73	31	—
分类指数构成	“双创”金融机构	2.15	▲0.34	30	—
	“双创”金融市场	1.02	▲0.40	27	▲2
	“双创”金融服务	2.19	▲0.63	30	—
	“双创”金融生态	6.85	▲3.36	31	—

在“双创”金融机构实力方面，如图6.21.1所示。

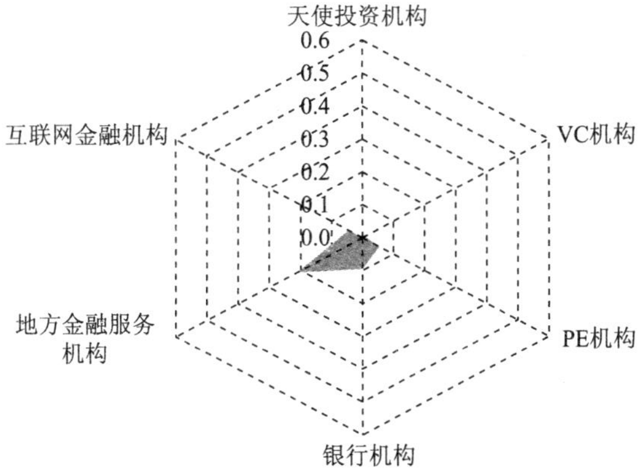

图6.21.1 乌鲁木齐“双创”金融机构实力分项评估

●2017 年，乌鲁木齐的 VC 机构数量为 11 家，管理资金规模为 2.25 亿美元。PE 机构为 179 家，管理资金规模为 6.88 亿美元。

●截至 2018 年 4 月，乌鲁木齐的商业银行支行数为 6453 家。

在“双创”金融市场发展方面，如图 6.21.2 所示。

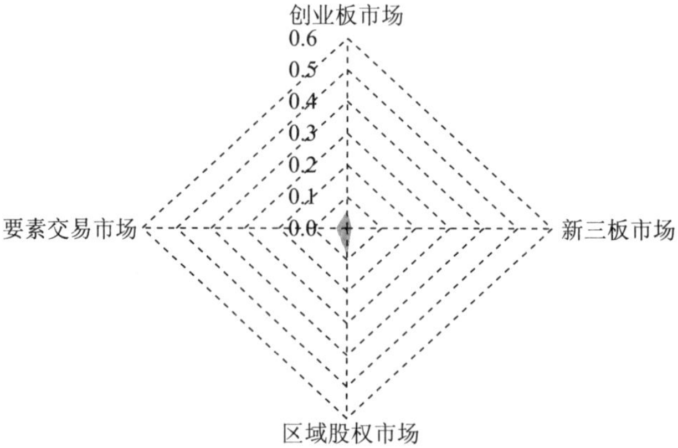

图 6.21.2 乌鲁木齐“双创”金融市场发展分项评估

●2017 年，乌鲁木齐市新三板市场挂牌公司共 31 家，注册资本规模为 15.92 亿元。

●截至 2017 年，区域股权市场挂牌公司数量为 387 亿元，注册资本规模为 74.62 亿元。

在“双创”金融服务发展方面，如图 6.21.3 所示。

●2017 年，乌鲁木齐年度境内股票市场融资规模 133.17 亿元

●2017 年，乌鲁木齐的中小企业私募债券融资 44 亿元，小额贷款公司的贷款余额为 203.13 亿元。

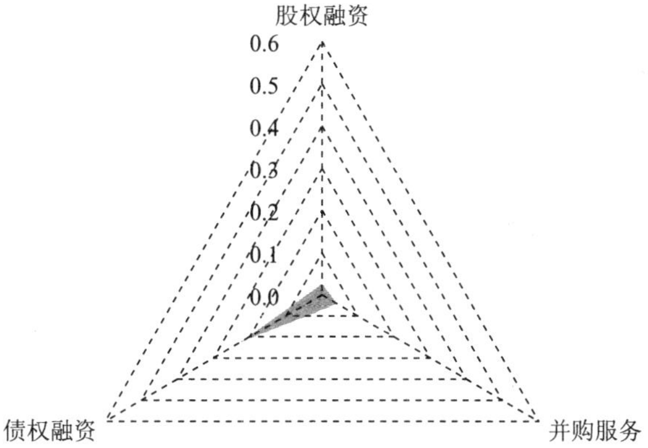

图 6.21.3 乌鲁木齐“双创”金融服务水平分项评估

在“双创”金融生态环境方面，如图 6.21.4 所示。

- 2017 年，乌鲁木齐新增商标注册件数为 9467 件。
- 截至 2017 年，乌鲁木齐每万人拥有 1.67 位注册会计师。2017 年，乌鲁木齐每万人拥有 3.4 位执业律师。

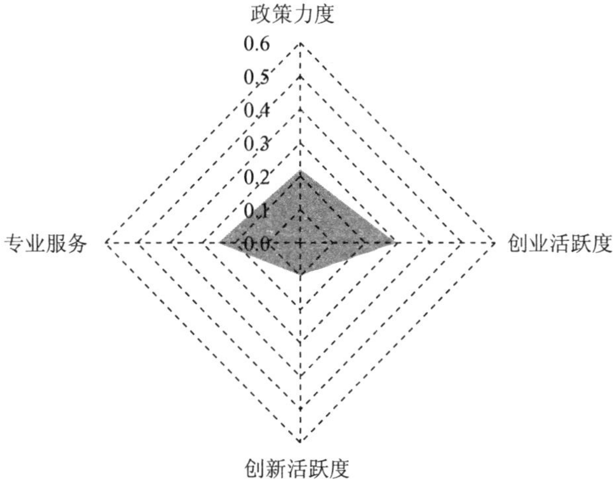

图 6.21.4 乌鲁木齐“双创”金融生态环境分项评估

附录一：指标说明

IEFI 从 4 个维度共选取了 17 组共计 45 项指标来综合反映中国“双创”金融发展的最新状况，每一项指标基本上选取了相对量来评估，均选用来自可获得的公开数据或第三方权威数据。

1. “双创”金融机构

• 天使投资机构

指标名称	1.1.1 天使投资机构数量
说明	以机构工商注册地为准
数据来源	清科私募通数据，截至 2017 年
指标名称	1.1.2 天使投资机构管理资金规模/亿元
说明	当前只能根据清科数据库统计到有公开信息披露的机构信息
数据来源	清科私募通数据，截至 2017 年

• VC 机构

指标名称	1.2.1 VC 投资机构数量
说明	以机构工商注册地为准
数据来源	清科私募通数据，截至 2017 年
指标名称	1.2.2 VC 投资机构管理资金规模/亿元
说明	当前只能根据清科数据库统计到有公开信息披露的机构信息
数据来源	清科私募通数据，截至 2017 年

- PE 机构

指标名称	1.3.1 PE 投资机构数量
说明	以机构工商注册地为准
数据来源	清科私募通数据，截至 2017 年
指标名称	1.3.2 PE 投资机构管理资金规模/亿元
说明	当前只能根据清科数据库统计到 有公开信息披露的机构信息
数据来源	清科私募通数据，截至 2017 年

- 银行机构

指标名称	1.4.1 商业银行支行数量
说明	用以衡量银行服务获取的便利度
数据来源	银监会，截至 2018 年 2 月
指标名称	1.4.2 新型民营银行数
说明	正式开业运营的才计入所在城市机构数量
数据来源	银监会，截至 2017 年底
指标名称	1.4.3 新型民营银行资产规模/亿元
说明	部分机构未公布财务数据，仅以注册资本替代
数据来源	银监会，截至 2017 年底

- 地方金融服务机构

指标名称	1.5.1 融资担保机构数
说明	只统计具备融资性担保业务资格的机构
数据来源	启信宝平台查询，截至 2018 年 4 月 14 日
指标名称	1.5.2 小额贷款机构数
说明	除直辖市外，其他城市均以所在省的全省统计口径作为替代数据
数据来源	中国人民银行，截至 2017 年底
指标名称	1.5.3 融资租赁机构数
说明	统计在商务部审批备案的机构
数据来源	全国融资租赁企业管理信息 服务系统，截至 2018 年 3 月

● 互联网金融机构

指标名称	1.6.1 网贷平台数量
说明	只计入当前正常经营的平台
数据来源	网贷之家，截至2018年3月
指标名称	1.6.2　第三方支付机构数
说明	统计拥有中国人民银行审批 发放的第三方支付牌照的机构
数据来源	中国人民银行，截至2018年3月底

2. “双创”金融市场

● 创业板市场

指标名称	2.1.1 创业板上市公司数量
说明	上市公司上市时间以正式上市交易时间为准
数据来源	万得数据，截至2017年底
指标名称	2.1.2 创业板年度新增上市公司数（2017）
说明	相较上一年新增的上市公司数
数据来源	万得数据，截至2017年底
指标名称	2.1.3 创业板上市公司总市值/亿元
说明	以年末最后一个交易日收盘的市值计算
数据来源	万得数据，截至2017年底

● 新三板市场

指标名称	2.2.1 新三板挂牌公司数量
说明	年末挂牌公司数量
数据来源	万得数据，截至2017年底
指标名称	2.2.2 新三板年度新增挂牌公司数
说明	相较上一年变化，包括摘牌的情况
数据来源	万得数据，截至2017年底
指标名称	2.2.3 新三板挂牌公司注册资本规模/亿元
说明	因部分新三板挂牌公司缺乏实际交易数据，以注册 资本取代市值统计
数据来源	万得数据，截至2017年底

• 区域股权市场

指标名称	2.3.1 区域股权挂牌公司数量
说明	统计各地方有公开信息的区域股权交易市场挂牌数据
数据来源	万得数据，截至2017年底
指标名称	2.3.2　区域股权挂牌公司注册资本规模/亿元
说明	统计各地方有公开信息的区域股权交易市场挂牌数据
数据来源	万得数据，截至2017年底

• 要素交易市场

指标名称	2.4.1 要素交易平台数量
说明	统计通过全国清理整顿各类交易场所部际联席会议检查验收的平台
数据来源	CHINAFT交易中国，截至2018年3月
指标名称	2.4.2　技术市场交易规模/亿元
说明	除直辖市外，其他城市均以所在省的全省统计口径作为替代数据
数据来源	2017中国统计年鉴，截至2016年底

3. “双创”金融市场

• 股权融资

指标名称	3.1.1 年度股权投资案例数
说明	投资事件归属地统计以事件中获得投资的企业所在注册地为准
数据来源	清科私募通数据，截至2017年
指标名称	3.1.2 年度股权投资融资规模/亿元
说明	统计只涵盖了当年有公开交易数据披露的投资事件
数据来源	清科私募通数据，截至2017年
指标名称	3.1.3 年度境内股票市场融资规模/亿元
说明	包括IPO、增发再融资等
数据来源	万得数据，截至2017年底

• 并购服务

指标名称	3.2.1 年度并购次数
说明	投资事件归属地统计以事件中并购方所在注册地为准
数据来源	清科私募通数据，截至 2017 年
指标名称	3.2.2　年度并购规模/亿元
说明	统计只涵盖了当年有公开交易数据披露的并购事件
数据来源	清科私募通数据，截至 2017 年

• 债券融资

指标名称	3.3.1 银行小微企业贷款余额/亿元
说明	部分未公布相应数据的城市，以所在省统计数据按比例推算
数据来源	各城市统计公报，截至 2016 年底
指标名称	3.3.2 小微企业贷款余额占贷款总额比重
说明	贷款总额指一个地区全社会本外币贷款余额
数据来源	各城市统计公报，截至 2016 年底
指标名称	3.3.3 中小企业私募债券融资规模/亿元
说明	在沪、深交易所发行中小企业债券的情况
数据来源	万得数据，截至 2017 年底
指标名称	3.3.4 小额贷款公司贷款余额/亿元
说明	除直辖市外，其他城市均以所在省的全省统计口径作为替代数据
数据来源	中国人民银行，截至 2017 年底

4. “双创”金融生态

• 政策力度

指标名称	4.1.1 地方财政科技支出规模/亿元
说明	地方财政预算内安排的科研支出
数据来源	地方统计年鉴，截至 2016 年底
指标名称	4.1.2 地方科技支出占公共财政支出比重
说明	地方财政预算内安排的科研支出占当年财政支出总额的比重

数据来源	地方统计年鉴，截至 2016 年底
指标名称	4.1.3 国家级“双创”平台数量
说明	指经国家科技部认定备案的科技孵化器、众创空间等
数据来源	国家科技部，截至 2017 年底

• 创业活跃度

指标名称	4.2.1 当年新设市场主体数
说明	包括私营企业、个体工商户
数据来源	各地方政府统计信息公布，截至 2017 年底
指标名称	4.2.2　当年新增商标注册件数
说明	以最终审批通过的注册为准
数据来源	国家工商总局，截至 2017 年底

• 创新活跃度

指标名称	4.3.1 国家高新技术企业数量
说明	以国家科技部审批通过的为准
数据来源	国家科技部、各地方统计公布，截至 2016 年底
指标名称	4.3.2 研发投入强度
说明	地方 R&D 经费投入与 GDP 的比值
数据来源	地方统计年鉴，截至 2016 年底
指标名称	4.3.3 新增发明专利申请量
说明	以申请量为统计标准
数据来源	国家知识产权局统计年报，截至 2016 年底
指标名称	4.3.4 PCT 专利申请量
说明	无
数据来源	地方统计公报，截至 2016 年底

• 专业服务

指标名称	4.4.1 每万人注册会计师数
说明	以所在地注册会计师事务所的在册会计师人数加总
数据来源	中国注册会计师行业管理系统，截至 2018 年 2 月
指标名称	4.4.2 每万人执业律师数
说明	具备律师执业资格证的人数
数据来源	地方律师协会、统计年鉴，截至 2016 年底
指标名称	4.4.3 资产评估机构数
说明	年末机构数量
数据来源	中国资产评估协会，截至 2018 年 3 月

附录二:原始数据

一级指标	二级指标	三级指标	北京	上海	深圳	长春	大连	哈尔滨	沈阳	济南	青岛	石家庄	天津
"双创"金融机构	●天使投资机构	机构数量	146	101	49	0	1	1	0	0	0	2	8
		管理资金规模/亿美元	132. 30	298. 93	12. 83	0. 00	0. 00	0. 00	0. 00	0. 00	0. 00	0. 00	0. 46
	●VC 机构	机构数量	1130	1020	751	14	54	51	33	28	55	35	111
		管理资金规模/亿美元	2453. 15	881. 28	603. 70	2. 53	17. 36	8. 99	0. 99	4. 28	12. 31	2. 70	43. 66
	●PE 机构	机构数量	3999	3361	2803	103	85	60	71	169	156	168	474
		管理资金规模/亿美元	6764. 94	3471. 75	976. 49	21. 13	4. 46	1. 58	37. 79	105. 96	16. 11	53. 72	344. 20
	●银行机构	商业银行支行数量	3409	3331	1802	1049	1253	1091	1116	1042	1065	1005	2240
		新型民营银行数	1	1	1	1	0	0	1	0	0	0	1
		新型民营银行资产规模/亿元	40	309. 8	520	20	0	0	20	0	0	0	220
	●地方金融服务机构	融资担保机构数	126	70	131	53	116	72	28	51	67	178	49
		小额贷款机构数	99	123	461	532	547	254	547	334	334	437	95
		融资租赁机构数	185	2034	2408	0	84	2	6	34	113	3	1580

续表

一级指标	二级指标	三级指标	北京	上海	深圳	长春	大连	哈尔滨	沈阳	济南	青岛	石家庄	天津
“双创”金融机构	●互联网金融机构	网贷平台数量	373	250	305	26	50	18	27	37	47	82	57
		第三方支付平台数量	52	46	19	0	2	2	0	4	5	3	4
“双创”金融市场	●创业板市场	上市公司数量	97	46	84	3	2	2	4	2	5	5	8
		年度新增上市公司数（2017）	10	6	19	1	0	0	0	1	0	0	1
		上市公司总市值/亿元	9577.51	3728.36	6340.64	178.38	96.37	42.60	400.94	65.72	405.00	267.22	393.23
	●新三板市场	挂牌公司数量	1594	982	755	44	89	59	64	143	100	70	202
		年度新增挂牌公司数	122	99	61	6	7	4	16	10	12	14	32
		挂牌公司注册资本规模/亿元	1144.34	472.18	330.06	15.14	37.61	37.19	36.38	110.33	62.64	27.61	87.27
	●区域股权市场	挂牌公司数量	3726	2139	5101	376	301	444	750	312	992	362	908
		挂牌公司注册资本规模/亿元	854.80	399.88	1123.50	96.43	129.10	98.85	164.45	81.08	204.72	70.54	153.68
	●要素交易市场	要素交易平台数量	43	68	22	6	34	15	9	9	47	5	30
		技术市场交易规模/亿元	3940.98	780.99	758.17	116.42	323.22	125.81	323.22	395.95	395.95	59	552.64
“双创”金融服务	●股权融资	年度股权投资案例数	1642	918	602	16	37	0	9	43	37	0	76
		年度股权投资融资规模/亿元	3230.94	2066.31	539.31	10.31	94.54	0.00	24.40	80.51	22.49	0.00	05.61
		年度境内股票市场融资规模/亿元	1759.45	849.62	579.54	94.81	137.54	14.83	68.32	31.28	46.72	72.27	147.00

续表

一级指标	二级指标	三级指标	北京	上海	深圳	长春	大连	哈尔滨	沈阳	济南	青岛	石家庄	天津
“双创”金融服务	●并购服务	年度并购次数	412	373	273	11	27	11	8	20	37	9	79
		年度并购规模/亿元	1245.15	1405.50	1356.79	51.33	266.91	37.30	22.04	825.87	54.45	47.91	890.20
	●债权融资	银行小微企业贷款余额/亿元	7336.5	11628	8132	2116.35	2589.92	1416.57	2839.08	3104.11	2654.1	2702.74	6460
		小微企业贷款余额占贷款总额比重	11.51%	17.30%	17.55%	20.46%	21.57%	15.65%	21.57%	21.63%	18.45%	30.28%	20.44%
		中小企业私募债融资规模/亿元	753	83	434.3	0	11	0	0	40	0	50	104.8
		小额贷款公司贷款余额/亿元	146.77	219.01	855.6	109.88	310.98	112.62	310.98	495.04	495.04	245.6	129.6
“双创”金融生态	●政策力度	地方财政科技支出规模/亿元	285.78	341.71	403.5	9.54	20.55	7.64	23.45	11.86	24.14	12.12	125.17
		地方科技支出占财政支出比重	4.46%	4.94%	8.72%	1.24%	2.36%	0.87%	2.84%	1.60%	1.78%	1.62%	3.38%
		国家级“双创”平台数量	223	131	113	27	41	31	36	43	97	38	120
	●创业活跃度	当年新注册企业数	195000	353400	552000	153000	114300	126000	168600	126600	240000	67000	229700
		当年新增商标注册件数	264231	192661	182748	10965	11515	12000	17760	23017	27965	18634	26938
	●创新活跃度	国家高新技术企业数量	15979	6938	8037	174	694	492	555	751	1348	650	3258
		研发投入强度	5.94%	3.75%	4.10%	1.94%	1.61%	1.84%	2.53%	2.19%	2.64%	1.83%	3.04%
		新增发明专利申请量	98848	51842	53959	5240	6727	10166	11369	14103	28498	3371	34065
		PCT 专利申请量	6651	1560	19647	55	125	45	58	84	906		153

续表

一级指标	二级指标	三级指标	北京	上海	深圳	长春	大连	哈尔滨	沈阳	济南	青岛	石家庄	天津
"双创"金融生态	● 专业服务	每万人注册会计师数	6.24	2.64	2.52	1.53	1.57	1.82	1.53	2.54	1.11	1.20	1.27
		每万人执业律师数	12.42	8.48	9.12	3.66	5.38	2.41	3.93	7.14	4.59	2.53	3.77
		资产评估机构数	243	83	80	54	54	74	62	37	41	39	44

一级指标	二级指标	三级指标	杭州	南京	宁波	苏州	温州	无锡	广州	福州	厦门	长沙
"双创"金融机构	● 天使投资机构	机构数量	34	3	11	5	0	2	8	2	6	3
		管理资金规模/亿美元	10.67	0.65	1.30	0.74	0.00	0.01	0.07	1.98	0.45	0.00
	● VC 机构	机构数量	370	151	78	339	23	65	137	36	110	107
		管理资金规模/亿美元	664.62	269.03	9.90	171.50	1.25	13.23	119.44	5.70	13.65	139.81
	● PE 机构	机构数量	853	236	391	299	48	95	496	106	265	193
		管理资金规模/亿美元	261.80	127.31	65.43	85.31	6.79	13.15	270.28	180.03	38.35	36.65
	● 银行机构	商业银行支行数量	1544	1253	1305	1492	999	1050	2355	1143	577	1292
		新型民营银行数	1	1	0	0	1	0	0	1	0	1
		新型民营银行资产规模/亿元	615	40	0	0	54.8	0	0	24	0	51.6
	● 地方金融服务机构	融资担保机构数	159	121	58	166	39	105	92	122	21	70
		小额贷款机构数	326	630	326	630	326	630	461	118	118	128
		融资租赁机构数	175	32	103	82	5	13	286	20	225	2
	● 互联网金融机构	网贷平台数量	115	80	43	42	15	11	105	38	60	60
		第三方支付平台数量	10	8	2	2	0	4	9	3	4	4

续表

一级指标	二级指标	三级指标	杭州	南京	宁波	苏州	温州	无锡	广州	福州	厦门	长沙
“双创”金融市场	●创业板市场	上市公司数量	35	19	14	19	4	14	26	8	12	18
		年度新增上市公司数(2017)	9	7	5	4	1	6	6	4	5	5
		上市公司总市值/亿元	3117.87	1150.94	749.15	798.55	283.18	1002.80	1691.83	249.46	811.54	1744.63
	●新三板市场	挂牌公司数量	361	234	136	282	49	163	430	107	171	134
		年度新增挂牌公司数	47	34	12	16	5	19	84	20	31	25
		挂牌公司注册资本规模/亿元	166.79	142.36	92.39	125.79	21.50	57.41	201.28	62.69	59.71	127.10
	●区域股权市场	挂牌公司数量	2041	244	1243	512	507	171	4984	413	1722	1531
		挂牌公司注册资本规模/亿元	170.48	63.91	158.97	54.46	91.38	26.88	413.05	67.15	269.69	182.40
	●要素交易市场	要素交易平台数量	17	16	6	9	5	10	35	8	6	28
		技术市场交易规模/亿元	198.37	635.64	198.37	635.64	198.37	635.64	758.17	43.22	43.22	105.63
“双创”金融服务	●股权融资	年度股权投资案例数	362	108	44	141	11	45	267	32	79	38
		年度股权投资融资规模/亿元	363.12	70.74	26.84	77.45	12.98	74.92	674.59	40.95	51.78	135.59
		年度境内股票市场融资规模/亿元	403.24	591.21	286.10	135.04	7.82	104.94	457.73	336.69	96.71	264.41
	●并购服务	年度并购次数	133	57	68	91	17	58	132	36	42	31
		年度并购规模/亿元	195.63	410.74	113.60	175.62	16.23	138.08	413.97	72.81	44.13	77.84

续表

一级指标	二级指标	三级指标	杭州	南京	宁波	苏州	温州	无锡	广州	福州	厦门	长沙
“双创”金融服务	●债权融资	银行小微企业贷款余额/亿元	7231.04	4500	5041.4	5761	1803.7	3311.06	4946.7	2919.64	2061.4	3601
		小微企业贷款余额占贷款总额比重	24.70%	17.96%	28.38%	23.14%	20.83%	29.48%	14.49%	21.92%	21.16%	22.47%
		中小企业私募债融资规模/亿元	35.5	128	0	67.1	0	15	64.5	0	30	0
		小额贷款公司贷款余额/亿元	668.24	932.72	668.24	932.72	668.24	932.74	855.6	299.81	299.81	105.4
	●政策力度	地方财政科技支出规模/亿元	74.91	52.97	56.62	95.19	13.41	37.24	112.95	11.25	21.26	24.61
		地方科技支出占财政支出比重	5.33%	4.51%	4.39%	5.89%	2.01%	4.29%	5.81%	1.36%	2.80%	2.36%
		国家级“双创”平台数量	87	79	33	92	19	35	78	11	38	35
	●创业活跃度	当年新注册企业数	214000	186000	149000	277000	145265	118000	328000	93120	43300	182000
		当年新增商标注册件数	78899	32779	27188	43027	40726	17097	148999	21239	38847	32012
	●创新活跃度	国家高新技术企业数量	2255	1699	1591	4133	827	1638	4740	587	1225	805
		研发投入强度	3.13%	3.05%	2.42%	2.75%	1.78%	2.82%	2.33%	1.97%	3.12%	2.90%
		新增发明专利申请量	23140	28580	17134	47415	10977	32610	30330	9335	5308	13795
		PCT 专利申请量	538	384	268	1088	62	371	1642	195	229	208
	●专业服务	每万人注册会计师数	3.64	2.21	0.82	0.78	0.26	0.76	2.41	1.43	2.53	3.23
		每万人执业律师数	6.70	4.31	2.89	3.22	2.14	2.82	7.56	3.73	5.38	6.50
		资产评估机构数	60	61	35	26	15	24	75	36	32	50

续表

一级指标	二级指标	三级指标	合肥	南昌	武汉	郑州	成都	重庆	昆明	西安	南宁	乌鲁木齐
“双创”金融机构	●天使投资机构	机构数量	4	0	6	2	9	2	0	5	0	0
		管理资金规模/亿美元	0.00	0.00	0.00	0.00	0.00	0.55	0.00	0.00	0.00	0.00
	●VC 机构	机构数量	41	14	159	43	121	58	25	100	9	11
		管理资金规模/亿美元	4.14	0.84	23.41	12.38	20.67	5.64	2.12	30.30	5.33	2.25
	●PE 机构	机构数量	119	54	290	140	507	377	178	158	60	179
		管理资金规模/亿美元	83.99	21.17	80.21	23.99	67.37	74.14	23.35	35.72	33.84	6.88
	●银行机构	商业银行支行数量	831	964	1478	1160	1932	2311	959	1717	739	653
		新型民营银行数	1	0	1	0	1	1	0	0	0	0
		新型民营银行资产规模/亿元	20	0	20	0	30.8	74.3	0	0	0	0
	●地方金融服务机构	融资担保机构数	41	39	140	102	137	151	172	71	50	45
		小额贷款机构数	439	200	283	282	322	266	272	270	304	283
		融资租赁机构数	21	1	7	4	12	75	7	19	1	0
	●互联网金融机构	网贷平台数量	71	23	141	80	73	82	47	52	50	24
		第三方平台数量	4	2	5	2	5	6	3	4	2	1
“双创”金融市场	●创业板市场	上市公司数量	9	1	15	7	25	5	2	8	1	3
		年度新增上市公司数(2017)	2	0	1	1	2	0	0	0	0	2
		上市公司总市值/亿元	786.66	22.09	946.63	360.82	1229.24	708.62	358.67	450.84	55.33	221.09

续表

一级指标	二级指标	三级指标	合肥	南昌	武汉	郑州	成都	重庆	昆明	西安	南宁	乌鲁木齐
“双创”金融市场	●新三板市场	挂牌公司数量	102	48	275	147	232	140	67	137	29	31
		年度新增挂牌公司数	11	7	39	16	27	25	14	15	12	-1
		挂牌公司注册资本规模/亿元	53. 24	19. 49	112. 51	62. 88	104. 16	86. 97	45. 76	91. 34	11. 59	15. 92
	●区域股权市场	挂牌公司数量	430	1092	1648	909	983	727	211	989	1635	387
		挂牌公司注册资本规模/亿元	66. 02	131. 66	274. 83	170. 37	272. 10	196. 57	32. 92	170. 46	279. 14	74. 62
	●要素交易市场	要素交易平台数量	7	6	17	13	13	14	10	17	15	5
		技术市场交易规模/亿元	217. 37	79. 01	903. 84	58. 71	299. 3	147. 19	58. 26	802. 79	33. 99	4. 28
“双创”金融服务	●股权融资	年度股权投资案例数	30	10	98	53	106	59	10	52	9	0
		年度股权投资融资规模/亿元	22. 88	4. 88	129. 23	42. 25	169. 28	17. 18	5. 77	89. 78	1. 72	0. 00
		年度境内股票市场融资规模/亿元	99. 15	17. 75	185. 00	50. 18	199. 59	117. 96	116. 85	100. 95	5. 24	133. 17
	●并购服务	年度并购次数	33	14	55	37	72	50	18	21	9	9
		年度并购规模/亿元	38. 02	21. 56	211. 70	80. 94	279. 55	197. 10	80. 62	42. 54	29. 40	20. 90
	●债权融资	银行小微企业贷款余额/亿元	2334. 46	2093. 96	3286	3381	4816. 63	5143. 72	2254. 4	2574. 63	3155. 52	987. 39
		小微企业贷款余额占贷款总额比重	17. 42%	20. 20%	13. 72%	18. 79%	16. 44%	18. 11%	15. 24%	15. 01%	30. 14%	15. 83%
		中小企业私募债融资规模/亿元	18	10	35	0	13	58. 8	48	16	10	44
		小额贷款公司贷款余额/亿元	447. 01	223. 45	310. 71	238. 48	606. 15	1467. 37	127. 88	241. 77	474. 33	203. 13

续表

一级指标	二级指标	三级指标	合肥	南昌	武汉	郑州	成都	重庆	昆明	西安	南宁	乌鲁木齐
“双创”金融生态	●政策力度	地方财政科技支出规模/亿元	101.69	13.45	86.42	21.7	46.6	51.48	15.15	27.48	13.29	8.85
		地方科技支出占财政支出比重	11.83%	2.31%	5.67%	1.64%	2.92%	1.29%	2.20%	2.92%	2.26%	2.12%
		国家级“双创”平台数量	29	32	74	30	60	61	34	85	10	21
	●创业活跃度	当年新注册企业数	162800	79192	181700	246100	464000	390800	149000	267000	120080	76600
		当年新增商标注册件数	21161	12678	29373	42415	58362	52639	42064	27060	10350	9467
	●创新活跃度	国家高新技术企业数量	1186	436	2177	765	2025	1450	701	1506	306	261
		研发投入强度	3.09%	1.64%	3.11%	1.78%	2.37%	1.71%	1.92%	5.20%	0.65%	0.59%
		新增发明专利申请量	25895	3917	19581	12304	34733	19002	5481	17744	13217	1822
		PCT专利申请量	121	17	712	52	450	162	24	138		12
	专业活跃度	每万人注册会计师数	2.04	1.51	2.83	2.75	3.19	0.68	3.05	2.11	1.60	1.67
		每万人执业律师数	3.04	2.39	4.05	5.08	6.25	3.01	6.37	2.58	1.86	3.40
		资产评估机构数	54	28	70	81	149	110	73	53	47	39

后　记

本书的编制出版得到了深圳市综研软科学发展基金会的资助和支持，得到了中国（深圳）综合开发研究院各级领导和同事的大力支持，在此致以衷心感谢。

此外，厦门大学硕士生彭晓钊、中南财经政法大学硕士生陈材杰和加拿大多伦多大学本科生季隆展参与了本期数据收集、资料整理和文字编写工作，一并表示感谢。

参与本书主体报告编制工作的核心研究人员包括：张建森、余凌曲、刘国宏、胡彩梅、张祥、余鹏、张佩、梁姣姣等。

在 IEFI 评价过程中，各城市统计数据的准确获得是编制工作的最大困难，一些城市统计年鉴出版时间滞后，也直接影响本指数发布时间的及时性。为了更及时地获取数据并听取社会各界对本指数的意见，我们衷心希望各城市的统计部门和金融主管部门能够积极参与指数评价工作，提出宝贵的意见。同时也欢迎相关专业人士加入本指数的编委会，更好推动指数编制工作。

IEFI 课题组联系方式如下：

网站：http：//www. cfci. org. cn

联系人：张祥

电话：0755-82470464

传真：0755-82470202

Email：zx@ cdi. org. cn